自分のための人生を生きているか

加藤諦三

大和書房

心の拠り所を神や国家に求める時代は終わった。
心の拠り所を自分自身に求めなければならない時代になった。

はじめに

中世のような神が死んでから、人間には二つの生き方があると私は思っている。

一つは人とつながる生き方であり、もう一つは人とつながらない生き方である。

人とつながる生き方の原点は、安心感であり、自分に誇りをもてる生き方であり、自己実現の生き方である。

人とつながらない生き方の原点は、劣等感であり、復讐的勝利を目的とした生き方である。

人とつながる生き方をする人は、社会関係ができるからストレスに強い人になる傾向がある。肉体的にも健康になる傾向がある。要するに「逞《たくま》しい人」である。逞しさは人間性の核心である。

人とつながらない生き方をする人は、社会関係ができないからストレスに弱い人になる。コミュニケーションがうまくいかないで、社会的に孤立するから、どうしてもストレスに弱く毎日が緊張している。

社会的支援がなく、肉体的にも心理的にも健康になれない傾向がある。毎日ピリピリしている。生きるのがつらい。

健康になりたければ、食生活も大切だろうが、健康になれるような生き方に変えることである。

それは難しいことだが、人とつながる生き方に変えることは、健康には何よりも重要である。

「支えとなる社会的ネットワークをもつ人は、それほど強い社会的な絆《きずな》をもたない人に比べて全般的に健康で、ガンや心臓病の罹患率も低く、（冠動脈造影で見ると）冠動脈の狭窄《きょうさく》も少なく、病気になった場合でも入院期間が短くてすみ、感染症に対する抵抗力もある。

それに比べて、特に社会的に孤立している人は一般に死亡率が高く、関節炎、高血圧症、冠動脈心臓疾患、風邪、結核、その他の感染症を含むさまざまな病気の罹患率が平均よりも高い（註）。」

肉体的健康と心の関係を考えただけでも、心は私たちの最大の資産である。

しかし私たちは資産といえば、ともすれば経済的なことしか考えない。

60歳で定年になったときに、たしかに経済的資産は大切な課題である。しかし、有名企業の役員にまでなり、功なり名遂げて定年でうつ病になる人も多い。

そういう人は、「私の資産は私の心です」という発想すらないのだろう。

この本は、「私の最大の資産は私の心です」といえるような生き方を考えた本である。

加藤諦三

自分のための人生を生きているか　**目次**

第3章
探し求めよ、自らの使命を

第4章　人間とはお互いの生を充実しあうもの

序章

自らの内に神をつくる

神によって、あるいは国家によって、人間が価値づけられる時代は終わった。

そして自分を表現するということ以外に、頼るべき何ものもない時代がはじまった。

あらゆるものを恐れず、自らの全情熱を傾けて生きる以外に、生き方のない時代がはじまったのである。

自分には自分の人生がある

劣等感にたいして、対処の仕方は二つある。一つは見返したいという反応である。優越への願望で劣等感を癒やそうとする。その方向の努力で頑張る。結果としては失敗に終わる。

もう一つは、アドラーのいう社会的感情を育成強化することである。

そして、優越への願望から劣等感を癒やそうとすることで、神経症が深刻化していく。この方向での努力は、まさにアドラーがいうように「無駄な試み」である。

優越への願望、力への渇望をもっている個人は、正常な環境でも自分の価値を感じることに絶望している。

他の人にとって十分である環境でも、優越への願望をもっている人には十分ではない。彼は常に不安で不満である。

私たちは時に、このアドラーのいう「無駄な試み」を生涯続けることがある。

最後まで「自分には自分の人生がある」ということが理解できない。
「自分には自分の人生がある」ということを実行できない。

霞が関のエリート官僚や、有名企業のエリート社員でうつ病になるような人は、自己教育の場、視野を広げる訓練の場、社会的行動を身につける機会がないままに、社会的に責任ある立場についた。

あまりにも障害がなく、一直線にエリート・コースを走りすぎたがゆえに、自分の適性について考えることがなかった。「自分の人生の適正な目的は何か」について悩むことがなかった。

外から見ると順風に帆を上げているようであったが、長い人生を考えれば、実は社会的感情を育成する時期がなかった。

人生の視野が限られていた。
意識領域の拡大がなかった。
自分自身であろうと決意する時期がなかった。

そのときそのときで考えれば、無駄に思える時期というのが、長い人生を考えれば、大切な価値ある時期である場合も多い。

劣等感で苦しんでいる人は、多くのなかの一つの能力を唯一の能力と錯覚している。

多面的視点からものごとを認識する訓練の時期がなかった。

「不快な感情をコントロールする能力は、精神の幸福を得るカギだ。(註)」というが、その不快な感情をコントロールする能力、今の不快な感情を違った視点から見られる訓練がされていない。

大きな目標が見つからない時代

世界の若者に、「あなたは将来、何をやりたいか」ということを聞いたときの反応によってわかることがある。

開発途上国にいる若者たちは、「いったい、なぜそんなことを聞くのだ」という顔さえする。つまり国の発展のために尽くすことであり、国の発展が自分の幸福であるからである。

彼らに、「日本の若者は不幸だ」といったら信用してもらえなかった。国が発展して不幸なはずはないというのである。

ところが、日本やアメリカ、ドイツ、フランス、イギリスなどの若者は違う。自分が何をやりたいかさえわからない若者は多い。

それはおそらく、社会というものが、一つの大きな目標に向かって統合されているときは、その集団の成員は、集団への帰属意識をもつからではないか。

国家と自分との間の一体感が成り立ち、その国家への献身によって満足を得ている。それは当然、国はわれわれの国であり、会社はわれわれの会社であり、自分自身は一つの意味をもっている。

ところが、経済的発展という一つの大きな目標によって社会が統合されていた時代が過ぎ、社会全体としての目標をもたなくなったとき、人間というのは、連帯感、帰属意識というものにおいて、大きな変化が起きた。

競争社会における劣等感という大問題が出てきた。人類の歴史上、生き方の問題がこれほど重大になったことはない。

人とつながる「私には私の人生がある」という生き方を選ぶか、復讐的勝利を目指す生き方を選ぶかである。

自らが神をつくらなければならない

マックス・ヴェーバーの書いた本に、『プロテスタンティズムの倫理と資本主義の精神』というのがある。この本は、近代資本主義の精神の特質は何であろうか、どうしてそれは生じてきたのであろうか、という問題を解明しようとするものである。

プロテスタンティズムの思想のうち、いかなるものがあの禁欲的で勤勉な態度を生じせしめたのであるか、ということである。

カルヴィニズムの信仰において、現世における目的、しかも唯一の目的は、神の自己栄華に役立つということである。しかも、この目的は、神の律法の実践によって、現世において神の栄光を増すということである。

そして、神がキリスト者に欲したもうことは、社会的活動なのである。

現世におけるカルヴィニストの社会的労働は、神の栄光を増すためなのである。

職業労働というのは、このような意味をもっていた。

今さしあたって、近代資本主義の発生の精神をたどることが目的ではないのでここで切りあげるが、大切なことは、神の栄光のため、神の栄光を地上に増すために人々は働き、それが資本主義の勃興をもたらしてくるということである。

ヴェーバーは、ベンジャミン・フランクリンの『若き職人への助言』にあらわれているところの職業労働を義務とする倫理的性格こそ、近代資本主義精神の特徴だという。

職業がもっている倫理的性格が近代資本主義をもたらした精神のなかにはあった。そして人々は、「何のために働いているか」ということを知っていた。それは、神の栄光を地上に増すためであった。

それゆえにこそ、働き、そしてそれゆえに、贅沢《ぜいたく》な消費を抑制して、禁欲的に節約につとめた。かくて資本家は資本を蓄積し、労働者の生活態度も禁欲的であった。

資本家も労働者も、ただひたすら「神のため」に働き、「神のため」に消費していた。

このとき、どうして仕事の生きがいが問題になったであろう。仕事はもともと意味をもっていたのである。「神がそれを欲したもうた」のだから。

そしてそのような信仰があればこそ、人生の快楽を排斥することも可能だった。

社会の秩序は人類の高揚のためであり、これに奉仕する労働は、神の栄光を増すと考えていた。「いったい何のためにこんなことをやっているのか」などという、仕事の意味、人生の意味に思い悩むことなど、まったく必要なかった。

神の栄光への奉仕、職業義務の履行のうちにある人生の意味、これらによって人々は支えられていた。たとえ、どんなにその仕事自体がつまらなくても、人々はそれに意味を感じていた。

仕事に生きがいを感じなくても、意味があった。このことから二つのことがわかるような気がする。

一つは、生きがい、生きがいと騒ぎだしたのは、かつてのような神という意味がその仕事から失われだしたからである。もう一つは、虚弱な精神もまた、かつては神によって救われていたからである。

自らが望むのではなく、神が望むということによって救われた。このような時代に、望むという精神的作業は、虚弱な精神にしても、強靱《きょうじん》な精神にしても同じことであった。最も強力な精神というものは、むしろ神に逆らう精神であったかもしれない。

現代において大切なのは、自分自らの内に神をつくることではないだろうか。もはや自分自らが神をつくらなければならない。この世の中には神がいないのだから。

神とは、「自分が何のために生きているのか」を教えてくれるものである。その神なくして人間は人間として生きられないのではないか。

今の時代は、その大切なものを、自分自らの内につくるということを心がけるべきなのである。

全情熱を傾けて生きよ

パスカルは神なき人間の状態を悲惨なるものとした。そして、そのような人間の悲惨に目を覆わず直視せよという。

神とはそれまで人間に生の意味を与え、人間を価値づけていたものである。そして、神の死は人間の心から安息を奪ったという。

人間は神とともにあって幸福であったということもたしかだろう。しかし、人間が内からでなく外から価値づけられ意義づけられることは、人間の怠惰な幸福への願いのあらわれにしかすぎない。

人間が自ら悪戦苦闘し生きがいある人生を築く努力を惜しんで、努力なくして幸福を勝ち得るために考えだし、創りだしたのが神である。神は人間の身勝手な弱々しい気持ちのあらわれにしかすぎない。

人類の歴史において、いずれはこの神によるごまかしの生き方があばかれるときがこなければならなかった。今や人間は自らの存在意義を、自らの生きている価値を、自らの生の目的を、自らの内面の安息を、自ら自身によって勝ち得なければならない時代がはじまった。

それが「私には私の人生がある」である。


今やわれわれは自らの全情熱を傾けて生きる以外に生きる方法のない時代がはじまったのである。ついにごまかしのできない時代がやってきた。

ここにおいてはじめて、人間はよりわけられているにちがいない。間違った生き方をした人間は確実に不幸になる時代がはじまっている。

復讐的勝利に走る者は確実に不幸になる。社会的に成功した者も失敗した者も、お金持ちも貧乏な人も、「自分自身を生きる」ことなくしては確実に不幸になる時代がはじまった。

神の存在は、人間が生ける屍《しかばね》として存在していながら幸福になるための秘訣だったのである。死にながらにして幸福でいようという、この甘ったれた、腐りきった人間の根性が創りだしたものが、精神的支柱としての神だった。

大思想家の毒にあてられるな

神が死に、実存主義者は「さらばわれらが存在理由よ」といった。

だが、さらばわれらが存在理由よ、そういってすべての人間が虚無のなかに落ち込んだか？　すべての人間が生きがいを失ったか？

いや決してそうではない。私はむしろ、存在理由を与えられなくてもなおかつ生きることのできる人間の生命の尊さ、美しさを思うのである。

存在理由があって存在するのなら、それは生命それ自体の尊さではない。存在理由を与えてくれる神の尊さである。太陽の光で輝く月の尊さである。

しかしそんな月の時代は終わった。自らの存在理由それ自体をつくることのできる人間の生命とはなんと偉大なことだろう。

「さらばわれらが存在理由よ」という言葉によって、人間は偉大なる地位を失ったのではなく、まさに、逆にこの言葉によって、人間は自らの偉大さを証明してしまった。

これからの時代は、偉大なる人間と、そうでない人間とが歴然としてくる時代である。

私は職業によっても、生まれによっても、金銭の有無によっても、何によっても人を区別しない。ただ、その人が生きがいをもって生きているか、あるいは無気力と無関心のなかで生きているかによって区別したいと思う。

神なき後、人間を区別できるとすれば、それ以外にはない。大思想家の毒にあてられるな！

実存主義の本を読んでみよ。「誰も私に代わって死んではくれない」、あるいは「誰も私に代わって私の状況を生きてはくれない」とある。

私はこの「くれない」という言葉が気に入らない。私は、私の死を代わって死んでもらいたくもないし、代わって生きてもらいたくもない。

私は私の生を生きたいし、私の死を死にたい。

私は私らしく生きて、私らしく死にたい。

「代わって」などという発想が気に入らない。

私自身が神になれるか、なれないか、それが私の人生を決める。

第1章

比較する人は不幸である

よく人は「誰でも幸せを求める」というが、安心と幸せが矛盾したときには、人は幸せよりも安心を求めている。安心を得たものだけが幸せを求める。

それを人は「誰でも幸せを求める」というから間違える。

命がけで不幸にしがみつく人はいくらでもいる。

それは外から見ると不幸にしがみついているのであるが、心理的にいえば、安心したいという心理にしがみついているのである。

人と違うことをしようとするな

わざわざ人と違うことをしようとすると生きがいを失う。

人はそれぞれ違う、それを受け入れる。

「自分には自分の人生がある」という人の生き方は、自分ばかりでなく、「ありのままの他人」も受け入れていることである。

よく「姉と似ているのが嫌だ」とか「親と似ているといわれるのが嫌だ」という話を聞く。昔読んだ『ブレイン・スタイル』という本に次のような内容が書かれていた記憶がある。

「私、『君はお姉さんに似ているね』っていわれるのがすごくイヤなの。だから、わざと姉とは全然違うように振る舞っているのよ。(註1)」

時にわれわれは、他人のもついかにもわれわれ自身らしいというイメージに逆らおうとする。

この若いお嬢さんは、姉との相違を主張するために、自分自身を犠牲にして二人の違いを強調している。これが「自分の人生がない」ということである。

お姉さんに似ているのが嫌だということで、違いを強調しだすと自分の個性を失う。

こうしたときには、「自分はなぜ姉のようになりたくないのか？」と考えることである。そこに自分の心の葛藤が見えてくるにちがいない。その心の葛藤こそ、あなたが自分の生活をすることを妨害しているものである。

そういう人に大切なのは「自分の長所に戻れ」ということである。

してもいい競争と、してはいけない競争

してもいい競争と、してはいけない競争がある。

してもいい競争は、自分の過去との比較である。自分は昔に比べて「こうなった」というような比較は望ましい。今日は昨日よりも部屋を綺麗にしようというような比較である。

してはいけない競争は、神経症的競争である。

二人の部下を操るための競争、嘆いている部下を発奮させるときの競争、いろいろとある。人を動かすために競争を利用することは有効かもしれない。しかし一時はいいけれども、長く利用すると憎しみが出る。


子どもでも長く競争にさらすと意地悪になりやすい。人をやっかむようになる。

キツネとウサギが競争している。

キツネがドングリをもってきた。ウサギもドングリをもってきた。

そうしたら、ウサギに「もっとドングリをもってこい」といってはいけない。そういう競争をさせてはいけない。
「君はキツネと違うんだから、野原に行って野いちごをもってらっしゃい」という。
人が発奮するのは、基本的には「自分が認められたとき」である。このことを忘れてはならない。

鷲は鷲であり、モグラはモグラである。

鷲は飛ばなければならない。鷲は飛ぶことで自分の持ち味が出せる。人に認められようとして脱線してはならない。

アメリカの心理学者デヴィッド・シーベリーは「私が私自身なら、何を恐れることがあろう。恐れているなら、私自身ではないのだ。(註2)」と述べている。

競争にとらわれるということ

人が最善を選べるのは競争がないからである。

競争していれば、相手に勝つことが優先してきてしまう。

「蟹が自分の甲羅の大きさに合わせて穴を掘る」のは、他の蟹とどちらが大きな穴を掘れるか競争していないからである。

大きな穴を掘ることが蟹の世界で価値があるとする。そうなれば自分の価値に自信のない蟹は、自分の甲羅と関係なく、より大きな穴を掘ろうとする。他の蟹よりももっと大きな穴を掘ろうとする。しかし自分の価値に疑問をもたない蟹は自分の甲羅に合わせた穴を掘ろうとするだろう。「私には私の人生がある」とわかった蟹である。

競争は「自分にとってのベストは何か」ということをわからなくさせてしまう。

とにかく難しいところに、ということで医学部を受験する生徒のようなものである。劣等感がないかぎり、こんな愚かなことを誰がしようか。

競争意識が強ければ強いほど、他人と自分の比較をするようになる。競争意識が強ければ強いほど、最善よりも最高を選択しようとする。その結果、自己喪失に陥る。自分が他人に優越すると、他人を軽蔑する人間だから、自分が他人より劣ったときに、他人に軽蔑されると思うのである。

なんと多くのきょうだいたちが愚かな競争意識で不幸な人生を送っていることだろうか。きょうだいにかぎらず、それぞれの気質の違いを認識しないがために、つらい努力をしながらも、どうしても幸せになれない人は多い。「俺と兄とは違う」と心底感じられれば、同じ家に生まれても、幸せな人生を送れたのである。

お互いに心底違うと感じたときに、心底自信ができる。自分は自分で頑張ればいいのだと感じられるからである。

自分自身になることに失敗することに比べれば、結婚の失敗や就職の失敗、ベンチャー企業の失敗など、ものの数ではない。

劣等感が競争を刺激する

あることをうまく成し遂げるということと、相手よりよく成し遂げるということはまったく違う。「相手より良くなりたいということは、何かをうまくしたいということとまったく違う。(註3)」

相手より良くなりたいという願望は、自己不適格感の償いであるとアルフィ・コーンは述べている。つまり相手より優越したいという願望は劣等感なのである。

劣等感が競争を刺激する。そして「競争に勝ちたい」というと劣等感がストレスとなる。

劣等感は、人を最善ではなく、最高を目指すようにしてしまう。

最高であることを証明することで、自分の価値を証明しようとしているのである。

最高でなければ、自分には価値がないということが白日のもとにさらされると、一人で勝手に思い込んでいる。負けることは自分の劣等性を証明するものと、間違って一人で勝手に思い込んでいる。

劣等感をもった人の、注目されたい、報酬を得たい、認められたいという願望は限りがない。これは「穴のあいた容器に水を注ぐようなものである。[註4]」とコーンは述べている。

劣等感が深刻であれば深刻であるほど、世俗の野望は大きい。非現実的なほど高い望みをもつ。適切な目的の反対である。

何よりも適切な目的の努力は報われるが、適切な目的ではない場合には努力が報われない。

適切な目的ではない場合には自分の位置を間違っていることが多い。そこがその人の努力をする場所ではない。さらに進む方向が間違っている。

無理をしてある会社に入っても、多くの場合その会社での努力は報われない。

人には必ずその人が働くに適した会社がある。皆が知っているような会社がその人にとっていいわけではない。

適切な目的ではない箇所で頑張る人は、最高と最善がわかっていない。

どうしても適切な目的をもてない人は、自分の過去を反省することが何より重要である。「なぜ自分は適切な目的がもてないのか?」ということである。

本当に幸せになるためには

東西ドイツの統合で、東ドイツの従業員の生活レベルは急上昇した。しかし彼らの幸福レベルは落ちた。それは彼らが西ドイツの人と生活レベルを比較しはじめたからである（註5）。

もう一つは、アメリカの女性のケースである。アメリカの女性の給料と雇用の機会は増大した。しかし幸せでなくなった。それは男性と比較しはじめたからである。

第二次世界大戦中は経済的不満はなかったが、１９７０年代のインフレのときにはものすごい不満があった。それはある人々の所得がものすごく上がったのに、多くの人の所得が変わらなかったからである。

オリンピックで銅メダルの人は幸せであるが、銀メダルの人は幸せでない傾向がある。それは銅メダルの人は、メダルをもらえなかったことを考えるし、銀メダルの人は金メダルをもらえたことを考えるからである（註6）。

心理的メカニズムは人を幸せにする経済成長の力を削減する（註7）。

社会的比較は、人が経済成長にしたがって幸せになれない主要な理由である（註8）。

幸せになる秘訣は、自分より成功した人と自分を比較しないことである（註9）。

大切なのはこれを経済学者がいっていることである。

自己蔑視している人は強迫的に自分と他人を比較する。

つまり幸せになる秘訣は自己蔑視しないことである。決して経済的に豊かになることではない。

劣等感の深刻な人

ある夫婦である。ご主人は劣等感が強い。奥さんは劣等感が強くない。したがって自分と他人を比較していない。

奥さんが「隣のご主人の会社の保養施設は整っていていいわね」という。それは自分と他人を比較していっているのではない。もともと隣の家と自分の家を比較していないから、隣のご主人の会社の保養施設がいいか悪いかは自分の自尊心と関係ない。

しかし自己蔑視に苦しむご主人はすべてを比較するから、その言葉も比較されたものと受けとる。イライラする。それを我慢する。イザコザが絶えない。

比較する人は不幸である。比較される人も不幸である。見捨てられる不安があるからだ。

ご主人は、奥さんから「あなたの会社、すごい」という賞賛が欲しい。隣のご主人の会社の保養施設が恵まれているのを認めたくない。

ご主人は愛情飢餓感があるから「可哀想」といってほしい。愛情飢餓感があるから「会社がそんなに大変なの。つらいのによく頑張っているわね」といってほしい。ご主人は望むことが矛盾している。

劣等感の深刻な人は、「自分だけが排他的に賞賛されたい」。それは神経症的野心である。

比較する心理には、視野の狭さ、神経症的自尊心、神経症的愛情欲求などすべてが入る。

神経症者は、他人は自分に対する攻撃者だと見なす無意識の意図をもっている。(註10)

傷ついて腹を立てている本人は自分の歪んだ解釈に気がついていない。

自分のほうが良くなければ気が済まない

神経症者は他人の明るい面ばかり注視するという。

たとえば神経症者は自分が儲かっても、時に不服になっていることがある。それは自分以上に儲かっている人がいるからである。神経症的要求の持ち主は自分が誰よりも一番得しないと気に入らないのである。

自分が幸運でも不服になっていたりする。他人がもっと幸運に恵まれたからである。

自分が得しながら、なかには不公平だと文句をいう重症の神経症者がいる。そうなると得しながら文句ばかりいって一生を過ごすことになる。

神経症的な社員は、社長と自分を比べて不服になっていたりする。

社長と自分を比べるのなら全体として比べるのが正当であろう。社長は自分よりはるかに責任が重い、だけど自分より権限がある。社長は自分よりはるかに給料が高い、しかしはるかに高い能力と経験を要求される。社長のほうが立派だけれども、自分のほうが気がラクだ。

普通の人はそのように全体としての人生を比較するから、他人のことをそれほど激しく恨んだり、妬《ねた》んだりしない。

神経症者はすべてにおいて自分のほうが良くなければ気が済まないから、妬み、ひがみ、嫉妬がものすごく、結果として自分の人生を不幸にする。

彼らは自分の人生については暗い面、恵まれないところ、苦しいところを見る。そして他人の人生については明るい面、幸運な面、楽しいところを見る。

そしてすぐに人と自分を比較するから、他人の言葉も同じに受けとってしまう。

たとえば「隣のご主人の会社はいいわね、会社の保養施設がすごくいいんですって」と妻がいう。するとその言葉に夫は耐えられない。ひどく傷つく。気持ちが塞いで重苦しくなる。

「ふざけるな、それならそいつと結婚すりゃいいだろ」と怒鳴れれば別である。しかし、そのように怒鳴れない。そこで重苦しく不機嫌になって黙ってしまう。

彼女は、夫がどうしてその一言でそこまで傷つき、不機嫌になってしまうのか理解できない。その一言で一日じゅう重苦しい雰囲気が家のなかを支配する。

夫はずっと、何かをこらえているように押し黙っている。体全体が不愉快さを表現している。その一言でその一家はやりきれない不快なものになる。

どうしてそのようになってしまうのか。それは自己蔑視に苦しむ夫が妻の一言を誤解して受けとったからである。

自己蔑視に苦しむ人は強迫的に自分と他人を比較する。彼は隣のご主人と自分とをいつも比較しているのである。


彼女は自分の夫と隣のご主人を比較していない。

ご主人は隣の家と自分の家をいつも比較している。いつも張りあっている。隣のご主人の会社になくて自分の会社にあるもので、隣のご主人を見下げようと必死になっている。

隣のご主人の会社は会社の保養施設は整っているが、自分の会社のほうが休日は多い。そう思って自分の気持ちを収めている。

ところが妻は、もともと隣の家と自分の家を比較していないから、隣のご主人の会社の保養施設がいいか悪いかは自分の自尊心と関係ない。そこで「隣のご主人の会社は保養施設が整っていていいわね」という。

それは自分と他人を比較していっているのではない。しかし、自己蔑視に苦しむ夫はすべてを比較するからその言葉も比較されたものと受けとる。

彼女は「隣のご主人の会社はあなたの会社と比較していいわね」といっているのではない。単純に「隣のご主人の会社はいいわね」といっているのである。

しかし夫はそうは受けとらなかった。「あなたの会社と比較していいわね」と受けとったのである。

他人を羨ましがるほど誤解が生じる

神経症的自尊心が傷つき、他人に優越することで心理的安定を得ようとしている人がいる。社会的成功で他人を見返してやりたいと心の底で思っている。心の姿勢が復讐的になっている。心の底に敵意を抑圧している。

それが夫であるとする。妻は別に心の底に敵意を抑圧していないとする。

そのような夫に向かって妻が「あの人、羨ましいわね」といったとする。その一言は夫の胸をぐさりと刺す。

しかし他人に優越することで心理的安定を得ようとしていない妻のいう「羨ましいわね」はそんな怨念の言葉ではない。彼女は「羨ましい」とだけいっている。「羨ましい」には「悔しい」が含まれていない。

いわんや、「あの人が羨ましい」ということは、「私たちは惨めだ」ということを含んでいないし、「私たちの生活には価値がない、あなたには価値がない」ということを含んでいない。

しかし夫にとってその言葉は、「あなたより彼らのほうが価値がある」という意味を含んでしまう。そこでその言葉で傷ついてしまう。

他人と自分を対立させて考えている人とそうでない人では、同じ言葉を使っても含まれている意味は違う。

復讐的勝利を目的として生きている人と、「私には私の人生がある」という姿勢で生きている人では、人生は違って感じられる。

復讐的勝利を目的として生きている人は、人とコミュニケーションできない。人とつながらない生き方になってしまう。

心がふれあう社会関係ができないから、肉体的にも健康を害しがちである。

競争で勝つことは自己実現ではない

ルネッサンス以後、「文化全体の状況が、他人をのり越えて抜きんで、勝ち誇ることによる自我実現を促進した。(註11)」

しかし、競争で勝つことは自己実現ではない。競争に勝つことで心の葛藤は解決しない。壮大な内面の自我像への願望が強化されるだけである。

勝つことによって多くの人に認められながら、勝とうとしたことの動機が不安である。その結果、勝っても負けても不安は激しくなる。

「これは重要なことであるが、緊張や絶望の底流がミケランジェロのような、実際に個人主義的な闘いに成功した人々の中に見られるということである。(註12)」

失敗を恐れる人が清水の舞台から飛び降りる覚悟で、何かに挑戦して成功しても、自信にはつながらない。失敗したら自殺しかねない。

大切なのは自分にとって失敗とは何か、自分にとって成功とは何かを定義することである。それを定義するなかで、自分の視野を広げることである。

一人ひとりに、自分が決めたゴールがある

私が訳したデニス・ウェイトリーの本に次のような話が載っていた。(註13)

以前、14分間のセールストレーニング用映画を見たことがある。これが成功について非常にうまく説明していると思われたので、ＡＴ＆Ｔ社に頼んで私のセミナーに貸してもらった。

この映画はアメリカのブラウン郡にある小さな町で行われた秋のマラソン大会の記録である。１００人以上のランナーがレースに参加したが、この映画ではそのうちの３人だけに焦点をあわせている。

ひとりの若い女性は、この日の目標を少なくとも数秒、自分の記録を縮めることにおいていた。３時間53分という自分の最高記録を破るランナーがたくさんいることはわかっていたが、今日は遅くても３時間50分か51分で走りたいと思っている。

次は、やる気はあるが、自信満々というわけでもないが完走できさえすれば成功だ

と考えている青年である。まだ完走したことがないのだ。３時間53分だろうと、４時間53分だろうとかまわない。この青年にとって、成功とはゴールにたどりつくことであり、自分に26マイルの厳しい道のりを完走する力があることを確認することだ。

第三のランナーは〝死力を尽くす〟つもりの青年である。勝てるかどうか自信はなかったが、自分がどこまでやれるかに興味をもっていた。

ピストルが鳴り、３人は何十人ものランナーとともに出発点を飛び出す。まもなく全員がブラウン郡の高速道路に散らばり、自分のペースで走り続けた。

勝利者は誰だっただろう？　最初に決勝線を越えたのはこの土地の者ではなかった。だからといって、他の者みんなが負けたといえるだろうか？

勝ち負けは見る者の見方による。外見的には、テープを切った公式の優勝者がいるが、内面的に見れば、他のランナーも自分が勝ったと思っている。

重要なのは、戻ってきた町の道路に引かれた決勝線ではない。それぞれのランナーにそれぞれの決勝線――それぞれが決めたゴールがある。

何十人もの他の参加者同様、この３人のランナーはみんな勝利を収めたのだ。

女性は自分のベストタイムを数秒間縮めた。完走だけを狙っていた青年は完走を果たした。自分がどこまでやれるかを試したかった青年は、新しい水準に到達した。

３人全員にとってレースは達成の過程である。目標を達成し、さらに大きな目標を目指して進む力をつくりだす過程だった。

どのランナーも敗北者とはいえない。レースの真の賞は1位になることではなく、レースそのものであることを誰もが知っている。

ベストを尽くしたと感じることからくるあの独特な爽快感、あの新鮮な高揚した気分がいいのだ。

3人とも競争社会のなかで「自分には自分の人生がある」と思っている。

比較する人は共同体を体験していない

自分は本質的なところで人と比較されていないと感じる。自分は相手にとってかけがえのない存在と感じている。優れた人の話を聞いても傷つかない。それは、自分は愛されているという感情が揺らがないからである。

自分は代替不可能な存在だから嫉妬はない。それが共同体的人間関係の感情である。強迫的に比較する人は共同体を体験していない。

人と自分を比較する人は、恐怖感があるから傷つきやすい。

失敗すると傷つく。拒絶されると傷つく。すべての人に優越したいという願望があるから、人と自分を比較する。劣っていると意識するにもかかわらず、優れたいと願う。願いが強ければ強いほど劣等感は深刻である。

自尊心が傷ついていればいるほど、優れたいという願いは強い。ただ頑張る。この生き方のなかで自分の怒りに気がつかない。毎日が不愉快な人である。

自分を実際以上に見せようとする心理

社会的感情は優越への闘争のなかで覆われ、忘れ去られていたものを気づかせてくれる。それがアドラー心理学である。

優越感をもった子どもは絶えず自分が実際以上に見えることを望む。

短気、忍耐強くない。それは目的を達成するほど十分強くないと思っているからである。

自分が堂々と生きていけるという自信がないから虚栄心が強くなる。自信があれば「実際の自分」以上に自分に力があると人に見せる必要はない。

他人に正面から太刀打ちできるという自信がないから、虚栄心が強くなる。

自分の能力では自分が望む立場を得られないという不安があるから、虚栄心が強くなる。自分が有能だと周囲の人に見せかけたい。でも見せているほど有能ではないと心の底では知っている。

善とは苦しむことである

劣等感に苦しんで、優越感に走るのは、意志は意志でも愛のない意志である。

それは復讐的勝利を求める意志である。それは救済と成長につながらない。

愛と意志とは相互依存的なものだとはロロ・メイの主張である。

愛のない意志は防衛的態度だから、苦しみが成長と救済につながらない。逆にノイローゼ的な傾向を強めるだけである。防衛的態度は現実から逃げた態度でしかない。

苦しみに防衛的態度で対処すれば、時にそれはうつ病や自殺につながりかねない。

なぜこうなったか？　それは自分が自分自身を閉じ込めたからである。そして退屈な人間になる、とロロ・メイはいう。

「キエルケゴールのいう〝善〟とは、閉じこめられた人間が、自由の基盤に立って自己を再統合するために挑戦することを意味する。(註14)」

この言葉の意味を私なりに訳せば、「善とは苦しむことである」。

自分が自分自身を閉じ込めてしまうことが現実逃避である。

孤独と敵意の心理状態

アメリカの偉大な精神科医ジョージ・ウェインバーグは、人は抑うつ状態のとき、消耗しているときに比較するという。

そういうときには人間的心のつながりがない、孤独である。相手にとって自分が代替可能な存在だから。

強迫的に自分と他人を比較するのは孤独と敵意の心理状態だからである。

比較したら幸せにはなれない。でも比較しないではいられない。

比較していたら幸せになれないとわかっている。でも、比較することを止められない。敵意があるから。そして健康を害しがちになる。

比較されて成長した人は、人が褒められると、自分の価値が下がったように感じて、不愉快になる。だから人を認めない。人をけなす。

人を認めることは、自分の価値剥奪につながると一人で勝手に思い込んでいる。

人が自分以外の人を褒めることも自分の価値剥奪に感じられる。

それは成長期に人と比較されて生きてきたからである。

「なんで誰々さんのようになれないのよ」症候群のなかで生きてきた。

人を引き下げることによって、自分の価値を維持してきた。

「比較で育てられた」ということは、支配されて育てられたということである。支配・被支配の関係で成長してきたということである。自我の確立どころの話ではない。

比較されたから自己蔑視になった。自分と他人を比較する心の習慣がついている。

自己蔑視の最大の問題は、人を愛する能力を失うことである。

対象への関心を失うことである。

愛する能力があれば、人生の諸問題は解決できる。

基本的不安感があるということ

自分と他人を「強迫的に比較する」のは、他人に優越したいという劣等感と、他人が恵まれているのが許せないという憎しみがあるからである。

強迫的に比較している人は自分の劣等感と憎しみに気がついていない。

すべてにおいて、すべての人に優越したいという気持ちがあるから、つまり「基本的不安があるから」、他人と自分を強迫的に比較する。

それは苦しみの包括的神経症的解決を求めているということである。

強迫的に比較している人は、「私たちという感情」の代わりに基本的不安感をもつ。

基本的不安感は、自分の自発的な感情から他人とつながることを妨げる。

基本的不安感は、自分のなかの問題ばかりではなく、他人にどう接するかということに影響してくる。

心理的に健康な人は、健康な関係を築けるが、心理的に不健康な人は、不健康な人間関係しか築けない。

他人とどう向きあうかということが、その人自身の本来の感情を蹂躙《じゅうりん》してしまう。

そして何よりも対象に対する興味と関心がない。

自分のしていることに興味がない。他人が不当な重要性をもつ。

強迫的に比較している人は、基本的不安感と正比例して、自分のとっている態度について無意識で硬直化する。

自分の感情や願望はものごとを決める要因ではなくなる。

心理的に大人になりきれない人

私は本を書きはじめたときから「自分と他人を比較しないこと」といい続けてきた。それは私が自分自身を生きていなかったからだろう。比較したくて比較しているのではない、比較しまいとしてもしてしまうのである。したがって生きることがつらかった。そこで自分に言い聞かせるように、「他人と自分を比較するな」と書いていたのである。

自分が自分自身を生きていないと他人が気になり、他人と自分を比較する。

自分の興味を追求している人は、他人と自分をやたらに比較しない。

自分が好きで英語を勉強している人は、歌のうまい人を見て歌で自分とその人を比較しない。自分の関心があることに集中していれば、それ以外のことで自分を他人と比較しない。

しかし何にも自分の興味をもてない人は、誰とでも何についてでも、自分と他人を比較する。神経症的自尊心だけで生きていると、ものごとに関心がいくのではなくて、他人が自分をどのように見ているかに関心がいくから、すべて他人と自分を比較していく結果に陥る。

自分が自分自身を生きていない彼らは、負けることでひどく傷つく。そこでどうしても常に他人と自分を比較する結果になる。負けることで傷つかなければ、それほど他人と自分を比較しない。

彼らは他人から賞賛されたい、賞賛されることで気分がよくなる。それなのに自分は人に負けている。そのうえ他人がそのことを指摘するとなればどうなるか。それはひどくつらいことである。

自分は自分、他人は他人ということが感じられる人が心理的に大人ということである。自分の人生は、誰のものでもない、自分自身のものだということを、私たちはいつも自分に確認しておく必要がある。

競争には復讐心が隠されている

アメリカの精神科医カレン・ホルナイは、栄光を求める姿勢のなかに復讐の気持ちが隠されているとき、それを神経症と述べている。自分の心の葛藤を栄光追求によって解決しようとしているからである。

人を不幸にするのは、この復讐的勝利へ向かっての努力である。

カレン・ホルナイは、このような姿勢が小さい頃その人を苦しめた屈辱に対する復讐であると述べている。復讐的勝利へ向かって努力する人は、必ず不幸な経験をする。

この復讐的勝利のなかに含まれる完全主義が仕事をするときに、満点の環境を求める。非現実的である。

人を見返してやりたいということから成功を求めるような人が失敗をしたとき、絶望して自殺に追い込まれたりするのである。

人を卑しめようとして、成功を求めた。ところが逆に、失敗すると自分が卑しめられたような気持ちになり、その屈辱に耐えられなくて自殺する。

大切なことは他人の目に成功者と映ることではなくて、自分に確信をもつことである。

他人の目に成功者と映ることが大切な人が、成功したときに反発を買い、出る杭は打たれるという経験をしがちである。そしてそのような人は、一度その経験をすると世の中を恨みはじめる。

子どもにとって耐えがたい親

復讐的勝利の問題は、それが隠されているときである。

つまり、親が子どもの成功を通して社会を見返そうとしているようなときである。

私には、私自身の育てられ方に対する反省が一つある。私の父親は、人間嫌いなうえに、お酒を飲まなかったから、世間とのつきあいがまったくなかった。それで、そのぶん、家族とのつきあいが増える。家族旅行などをいつもやるわけで、私もある程度成長してくると、それが耐えがたくなる。それでも父親は家族一点張りの生活を改めようとしなかった。

最悪の父親というのは、いつも飲んだくれていて、競輪、競馬、バクチが大好きというタイプかもしれない。ただこのタイプは、そんなに大問題ではない。本人が、自分はいい父親だと思っているはずはないからである。

最低の父親は、子どもに感謝を強要する親である。勤めのある日でも家には早く帰ってくる。土産を子どもに買って帰ってくる。日曜日には同僚とゴルフには行かず、家族と旅行する。それを子どもが喜ばないと面白くない。子どもにとっては耐えがたい父親である。

親にとって必要なのは、子どもに何をしてやるかということではなくて、何をしたらいけないかという視点が必要である。子どもを自分の延長と考えるのは間違っており、自分とは違った固有の人格だと認めてやらないといけない。

大切なのは、親自身の自我が確立されていることで、叱り方がどうとか、親が暇かどうかといったことではない。親自身がどれだけ自分の親から乳離れしているかである。

実際には自分の心理的成長で自分の子どもをよく育てられるかどうかが決まる。親が社会的に挫折したとき、その劣等感を家庭にもち込んではいけない。自分の傷ついた自尊心を子どもの成功で癒やそうとしたらおしまいである。

妬みの感情に支配されている人

他人を見ているとたしかに羨ましいと思うときがある。

自分もあのようになりたいと願う。しかし現在の自分を惨めに感じたり、その羨ましいと思う人を妬んだりするならやはり大きな間違いを犯している。

人が脚光を浴びているときに妬ましく思う、自分もあのように脚光を浴びたいと思う。そこまではいい。しかしそれが進んで、自分と相手を比較して自分を惨めに思うようになったり、不快な感情に悩まされるならどこか間違っている。

妬みの感情は間違った比較をすることが原因であるとハーバード大学のエレン・ランガー教授は述べている。どこが間違った比較なのか。それは相手の結果しか見ていないで、そこに到達する過程を見ていないからである。

そこに到達するために相手が払った努力を忘れている。そこに到達するまでに相手がどのくらいつらい努力に耐えてきたのかを見ていない。

マラソンランナーが競技場に入ってくる。ゴールのテープを切る。大観衆の割れるような拍手が競技場に沸き起こる。それを見て、自分もあのような拍手を浴びたいと願う人がいる。そしてそのランナーを羨ましがる。しかしそのランナーが毎日、毎日苦しい思いをしながらコースを走り続けたことは思い浮かべてはいない。

英語のうまい人を見て羨ましいと思う人がいる。なかにはその感情を超えて妬む人もいる。もっと卑劣になると足を引っ張る人もいる。英語などうまくても意味がないなどと自己防衛する人もいる。

それらの人は、英語がうまくなるまでにその人が耐えてきた長い研鑽《けんさん》の道を見ていないのである。

彼らもまた、いつになってもうまくなれないで絶望した日々を乗り越えてきたことを忘れている。あるいは、留学して孤独な日々に耐えて頑張った下宿時代を見ていない。

妬む人は相手が成し遂げた成果を見て、その成果をもたらした努力の日々を無視している。

あまりにも羨ましいので、その努力の過程まで注意がいかないのであろう。

結果重視の人は、劣等感に悩まされる

有名なシンデレラの話がある。

シンデレラを妬んでいる姉妹には、シンデレラの長く苦しい困難との戦いは存在しない。シンデレラを妬んでいる姉妹には、父母を失って不幸なシンデレラは可哀想だという感情をもたない。

妬みはそのような同情の感情を生じさせない。ただ美しいから悔しいのである。

その人が人知れずしている戦いを見ないのが妬みの心である。

シンデレラは必死で働いた。いい立場を得ようとして頑張った。それが今や、妬んでいる姉妹の攻撃の的になっているのである。

私は若い頃から本を書いていたので、よく講演を頼まれることがあった。そしてよく、「自分と他人を比較してはいけない、人と張りあってはいけない、自分には自分の人生がある」と話してきた。

すると講演の後でよく出た質問は、「人と比較してそれを励みにして生きるのがどうして悪いのですか？」という質問であった。このように質問する人はおそらく結果ではなしに、その過程に目を向けている人なのであろう。

人と自分を比較して惨めな劣等感に悩まされるのは、結果しか見ていない人である。エレン・ランガー教授のいう「間違った比較」である。

彼女はこの結果に注目する傾向がわれわれの自我像を狭くするという。

結果に注目することで、自分は駄目な人間であると考えがちなのである。結果だけしか見ないから、自分を卑下してしまうのである。

彼女がいうように、若い頃から大論文など書けるわけがない。しかしなかには、大論文と自分が書く論文とを比較する人もいる。結果ばかり見ているから、大論文以外は意味がないと感じるのである。

論文のできあがる過程に注目すれば、書くことのなかに生きがいを感じるという視点が出てくる。すると自分が書く論文は、「それはそれとして意味をもつ」ことが理解できる。

大論文と自分が書く論文とを比較する人は、大論文が努力なしに書かれたかのごとく考えているとランガー教授はいう。

また、この結果ばかりを見て過程を見ない人は、他人の知性を判断するときにも間違って解釈する。

ランガー教授の調査によると、科学者を評価するときに、その発明に至る過程を細かく説明してその科学者を人々に評価してもらうのと、ただ発明の事実だけを述べてその発明した科学者を人々に評価してもらうのとでは違ってくる。

発明に至る過程を細かく分けて説明するほうが、人々はその科学者をスマートでないと評価する。

劣等感に苦しめられている人は、結果ばかりを見る傾向がある。

自分以外の人が皆、優れた人のように感じて惨めになる。相手の努力の過程も見ていないし、自分の努力の欠如も見ていない、あるいは自分の努力の仕方の間違いに気がついていない。

過程に注意を向けることはわれわれの判断を鋭くするだけでなく、自分に自信をもたらす。

自分とは桁違いに優れていると思っている人も、実は自分と同じなのかもしれない。

心を大切にする人は、過程に目を向ける

結果でなく過程に目を向けることができるようになると、他人の成功を祝福する気持ちになるのではなかろうか。スポーツの選手であれ、芸術家であれ、学者であれ、長い日々の地道な努力があって成功しているのである。

カレン・ホルナイによると、自己蔑視の結果は強迫的比較であるという。自己蔑視した人は、結果ばかり見ている人たちである。過程を見れば自分を軽蔑する必要のないことはたくさんある。

あなたの目をいつも過程に向けていなさい。

これは大切なことである。アメリカの偉大な心理学者デヴィッド・シーベリーが「注意に注意せよ」といった。自分の注意が今どこにいっているかで、人は不幸になったり幸福を感じたりするという意味である。

自分の注意が今、結果だけにいっていないか、その点を注意することである。そして自分の注意がいつも過程にあるようにすることが、人生を快適に過ごすために守るべき原則である。

注意を過程に向けることで、自分を蔑むことをしなくなる。達成されたものの過程に目を向けていれば、他人によって達成されたものに圧倒されて何となく惨めになるなどということもないであろう。

他人によって達成されたものの過程に目を向けていれば、「自分も自分の得意領域で頑張るぞ」という気持ちにこそなれ、妬んだりすることはないにちがいない。

過程に目を向けていれば、他人のしたことが羨ましさとは違って見えてくる。妬みの苦しみが和らぐ。視野を広げれば問題は解決する。

想像力で歪められる現実

ポーランドの哲学者タタルキェヴィチの『こう考えると生きることが嬉しくなる』という本を訳した。そのなかでタタルキェヴィチは次のようなことを述べている。アンデルセンの童話で、ある学生がイタリアへ行くことを夢見て、その美しさを心に思い描いていた話がある。だが、旅の不快さや面倒くささを予測していなかったために、その男は失望を味わうことになる。（註15）

求められているのは、想像でつくりだされたもので、その特徴は、想像力によって歪められているとタタルキェヴィチは述べている。私はその訳本の解説のなかで次のように書いた。

この言葉は結婚生活や大学や就職していく会社についてもあてはまる。

たいていの場合、結婚生活についても想像力で歪められている。結婚生活がはじまってゴタゴタが起きるのは、結婚生活を想像でつくりだしていたからである。

外国留学とか、海外生活についても同じである。それらのものを考え、実行しようとするときに、想像で考えて実行しようとするか、もっと現実的に考え実行しようとするかは重大な問題である。外国留学でノイローゼになるのは、心のなかで描いたイメージだけでものごとを考え、かつ実行しようとするタイプに多い。

ある日本の優秀な官僚がハーバード大学に留学して、「ハーバード大学は地獄のようなところです」と手紙を書いて送ってきたという話を聞いた。それはまさに心のなかで描いたイメージとしてのハーバード大学と、実際のハーバード大学での勉強の厳しさの違いを物語っている。

人を羨んだり、妬んだりする人は、概して心のなかで描いたイメージと実物の間の違いを理解していない。

つまり、心のなかで描いたイメージだけでものごとを考え、かつ実行しようとする。だからこそ、実行に際してさまざまな悲劇が起きるのである。（註16）

「皆に遅れてしまった」という意識

もし私の記憶が正しければ、30歳というのは私の人生の方向がようやく見えてきた時期である。それまであまりにも長く回り道をしながら人生を歩いていた。

普通の人なら大学を卒業する22歳頃までには人生の方向が見えるものである。高校を卒業して大学に入学する頃、そうでなくても社会に出る頃には人生の方向が見える。

私はまず高校を卒業する頃から人生の方向について悩みだした。そのため、普通に高校を卒業して大学に入学し、というように進めなかった。いろいろと素直になれない面があったからだ。

高校を卒業してから大学に行くまでには長い期間があったが、世間でいうところの浪人時代、受験準備という時代ではなかった。ひたすら書いていたといったほうがいいであろう。もちろん書いたものが出版されるなどということは、１００％期待していなかった。しかしとにかく書かないではいられなくて書いていた。それに文学、哲学を中心にして本当によく勉強もした。

そして独学よりもやはり大学に行ったほうがよく勉強できるのではないかと気づき、やっと大学に行った。ところが今度は、人よりもはるかに長い間大学で勉強することになった。大学を2回卒業し、大学院まで行ったのである。その頃にはもちろん高校時代の友人たちは皆きちんと職業についていた。世間的にまともな人たちであった。

友人は私がまだ迷いのなかにいる間に就職し、結婚していったが、私は自分の人生の生き方を決めかねていた。そのことにずいぶん引け目を感じながらも、自分を自分でどうすることもできなかった。もう完全にバスに乗り遅れていたのである。

「人より遅れてしまった」という感じ方は私を苦しめたようである。苦しめた「ようである」と他人事のように書くのは、私がよく「いろいろなことに遅れそうになってひどく苦しんでいる」夢を見るからである。

皆は世間的にまともにどんどん生きている。自分はいい歳をして職業もない。そんなことはくだらないと、どんなに虚勢を張っても、心の底では自分の本当の感情を知っている。自分はいつになっても「世間的にまともになれない」という意識が私を苦しめていたのであろう。

世間的にまともになれない私は、20代のはじめの頃から本を書きはじめた。すでにもう半世紀以上経つ。

はじめの頃出版した本にはよく、「他人と自分を比較するな」ということが書いてある。当時私は何かにつけて他人と自分を比較して考えていた。「あの人はこうなのに自分はこうだ」「あの人にこれができるのに自分にはできない」「あの人にはこれがないのに自分にはこれがある」そして、「あの人のようになりたい」「あの人のようになりたくない」と絶えず他人と自分を比較して、羨ましがったり、得意になったりしていた。他人が不当に重要になっていた。

比較したくて比較しているのではない、比較しまいとしても比較してしまうのである。

したがって、生きることがつらかった。そこで自分に言い聞かせるように、「他人と自分を比較するな」と書いていたのである。私は他人と自分の比較を止めれば劣等感から解放されると思っていた。本を書きはじめるまでも心理学をよく勉強していたが、それ以後も心理学の勉強を続けていくうちに、これは逆だということがわかってきた。

つまり自分で自分を軽蔑してしまうから、他人と自分を比較してしまうので、比較するから劣等感に悩まされるのではないということである。

つまり私の劣等感のもとにあったのは「皆に遅れてしまった」という意識である。そしてその遅れているということを、心の底で屈辱的に解釈していたのであろう。

そしてようやく就職「らしき」ことをするのが30歳のときである。たしか大学院の修士課程を修了し、ドイツに留学らしきことをしているときに早稲田大学非常勤講師の口が見つかった。それがたしか30歳である。就職の口が見つかったとはいえ、それは非常勤である。英語でいえばパートである。いわばアルバイトのようなもので、一般的には「就職しました」とどこかの会社に入社したときにいうのとは違う。

生まれて以来といえば大げさであるが、私は物心つく頃から「書くこと」と「考えること」は好きであった。今から考えるとそれなしに生きられないということが私の強みでもあり、弱みでもあった。書くことと離れられれば、もしかすると、大学入学も就職ももっと容易で簡単であったかもしれない。

私も人並みに、途中いろんな職業につくことを考えたし、努力もした。しかし結局、今の職業以外に落ち着くということが私の性格からして考えられなかったのである。

はじめからこのような職業について生きていかれるという保証があったわけではない。結局書くことと考えることから離れられなかったのである。そのために人以上に苦労もあったが、いったん生き方が決まれば、人よりも仕事はしやすかった。今の学生を見ていると、問題意識がないまま大学院に来るから論文が書けないという。そのようなことは私にはなかった。

私は逆に、どのような職業につくかわからないまま、大学の学部時代に本を3冊書いた。アメリカの本を友人と一冊翻訳した。大学院に行ってからも本を書いていた。しかし、自分がこれから著述業で生活していくことができるという自信はなかった。そして歳をとればとるほど、職業選択の幅は狭くなった。後に残されているのはもう大学教授くらいしかなかった。しかし私の大学院の指導教官はマルクス主義者であって、私とはまったく思想的に相容れなかった。

たとえ思想的に同じであっても、後に先生は東大を辞めてしまったので私が残れる可能性はまったくなかった。またもし先生が辞めていなくても、私はその先生のところで勉強するつもりはなかった。

いずれにしても私は無職以外になりえようはなかった。しかし「人生、捨てる神あれば拾う神あり」とはよくいったものである。たまたま非常勤で行った早稲田大学で、学内の論文集に発表した論文を認めてくれる教授がいて、私は早稲田大学の専任講師になれた。それがたしか32歳である。

私にしてみれば「思えば長い道」であった。どう生きたらいいのか、自分はどのような職業につけるのか、迷いに迷った挙げ句になんとかおぼろげながら道が見えてきたのである。

今から考えると、とにかく世間的にまともに生きるということよりも、一つ一つ自分の頭で考え、悩み、傷つきながら生きてきたことが、その後の人生の基礎を築いたようである。

普通の人のように中年になって職業の選択に迷うことはなかった。それまで悩んだことは、後から考えると無駄ではなかった。

まさに「私には私の人生がある」という以外にはない人生であった。

人生に立ち向かう態度によっては不運と見えるものは幸運でもある。不運か幸運かは視点の違いである。

私は、学者の業績からすると、何もしていないが、「生きる」という視点からすると、脳の新しい部分を使っている。脳を正常化している。

第2章

私が私自身なら何を恐れることがあろう

アメリカの心理学者ロロ・メイは、「自分自身であろうと決意すること」が人間の本当の使命であるといっている。

自分自身であろうとする決意の最大の障害は、「孤立と追放」への恐怖感である。

自分が「自分自身になること」は人間の最大の使命である。

自分の意志で人生を選んでいるか？

あなたは今何を心の拠り所として生きているか？

親にとって都合のいい人間になって生きている人から、自分の意志を心の拠り所として生きている人までいろいろといるであろう。

親にとって都合のいい人間になって生きている人は今がどうであれ、やがて人生は行き詰まる。本当の自分を犠牲にして、人の期待にかなって気に入られようとする人は、次々に現れる人生の課題を解決していかれない。

もう頑張って、頑張って、頑張り抜いて、最後は大変不幸な終末を迎える。

悲劇的な例でいえば、自殺ということがある。霞が関における死因の第2位は自殺というときがある。第1位がガンである。もう本当に、彼らは頑張って、頑張って、生きてきたのだろうと思うが、頑張って、頑張って生き抜いて、最後は自殺というのは、あまりにも悲劇である。

問題は、彼らは自分がいかにすごいストレスにさらされて生きてきたかということを意識していないことである。

それは彼らのしていることが社会的に見れば特異なことではないからである。

他人にとって都合のいい人間になることを止め、自分のための人生を生きて悩みのるつぼから抜け出す努力を今始めることである。

自分の意志を心の拠り所として生きている人は、今がどうであれ、運命は開ける。

自分の意志で自分の人生を選んだ人のストレスは脳に損傷を与えないが、外側から与えられた人生を生きている人のストレスは脳に損傷を与える。

こちらの人は恐怖のなかで生きているのだから、脳は変わってしまう。

心の内的障害を認める

カレン・ホルナイは最終講義で「患者はいろいろな障害を述べる。しかししばしば、患者のいう障害よりも、内的障害の方が重要である。（註1）」と述べている。

私は半世紀以上前に書いた「俺には俺の生き方がある」という主張が今も正しいと信じている。しかし半世紀経って読み返してみると、最大の弱点は、「俺には俺の生き方がある」という主張をしている本人が、自分自身の内的障害に十分に気がついていないことである。

人生に適切な目的をもつためには、著者も読者も自分の内的障害を認めることが前提である。そのうえで、人間を見る視点が増えて、自立ができてきて、意識領域の拡大ができてくる。

自分の心の内的障害に気がつくことで「俺には俺の生き方がある」と主張することで、さらに一段と成長する。そうして人と心がつながっていく。そこが復讐的勝利を目的とした生き方と決定的に違っているところである。

自分を見いだしたものは恐れを知らない。

「俺には俺の生き方がある」と主張する人は、自分を見いだした人である。安心感のある人である。

自分自身であることの勇気

現代人は、嫌われないように、責められないように、拒否されないように自分でない自分で生きているから、絶えずビクビクしている。

嫌われるのが怖い。

尊大だと思われるのが怖い。

生意気といわれるのが怖い。

高慢だと思われるのが怖い。

嫌われるのが怖いから、いいたいこともいえない。

いいたいことをいって人間関係をつくることができない。

その結果、自分を幸せにする人間関係形成の能力が備わっていかない。

自己実現を怠《おこた》って、嫌われるのは怖いという気持ちだけで生きてきた結果、最後に人生が行き詰まる。

「嫌われるのが怖いから」という恐怖感で生きはじめるから、生きている意味がわからなくなる。

何よりも大切なのは「自分自身であることの勇気」である。

この勇気の欠如している人は、自分の適性を犠牲にして「相手を喜ばそうとする」傾向がある。他人が不当な重要性をもってしまう。

嫌われるのが怖いのは、自分自身であることを放棄したからである。

「俺には俺の生き方がある」という生き方を放棄したからである。

「自分を見いだしたものは恐れを知らない」とデヴィッド・シーベリーはいう。

なぜ嫌われるのが怖いのか

嫌われるのが怖いから無理して引き受ける。そして努力する。

そうすると、悩まない人は「断りゃいいのに、勝手に自分で引き受けといて、それで悩んでいる、あほじゃないの？」というけれども、自分の能力を超えて引き受けてしまうのは、やはり断ることによって相手に対して自分の価値が否定される、相手が自分の価値を認めてくれないということが、怖いからである。

断れないのは、その人がそういう人間関係で成長したからである。

こういう人は、人とのコミュニケーションがうまくいかない。その結果、毎日がストレスである。

コミュニケーションがうまくいかないから相手に対して苛立つ、そのイライラを我慢する。

自己実現している人は、コミュニケーションがうまくいく。安心感のある人である。

シーベリーは「私が私自身なら、何を恐れることがあろう。恐れているなら、私自身ではないのだ」と述べている。（註2）

「俺には俺の生き方がある」という生き方ができるなら、何を恐れることがあろう。

恐れているなら、自分は自分自身ではないのだ。

人は個性化の過程で独立性が発展していないかぎり、「不安と恐怖」に悩まされる。

「不安と恐怖」に動かされることが無意識の必要性になる。

それに支配されて嫌われるのが怖い、好かれたいとなる。

そして最後はボロボロになる。

自分の限界を無視している人

本当の不安は、自分が自分でないときである。

自己疎外、自己喪失に陥ったときである。

不安を攻撃性で対処する。

とにかく人を批判する。

うまくいかなくて「引きこもり」になる。

人が不安なときは、何か自分にとって不自然なことをしているときである。不安は生き方がどこかおかしいという赤信号である。

自分が自分で生きているときに、人は苦しくなっても神経症的不安や神経症的恐怖に襲われることは少ない。

自分が自分として生きていないということは、足が大地についていないということである。その人は宙に浮いている。

不安になると「自分が生きている」ということがわからなくなる。

不安になると他人の期待に沿い、他人に受け入れられることで安心しようとする。

安心することがすべてに優先する。

安心するためにはどのような自分でなければいけないかということが重要になり、実際の自分の限界は無視される。

自分の限界を無視している人は、好かれたい、褒められたい、受け入れられたいとなり、そうでないと不安なのである。

挫折するのはその不安に耐えられないということである。安心するためには非現実的な理想の自分でなければならないと錯覚する。

思い込みが強すぎる人

「松の木はその枝を伸ばします。樫の木と張り合おうとしているわけでもないし、根元の草を枯らす責任をとるわけでもありません(註3)。」

「自分には自分の人生がある」ということは、人と張りあわないで生きるということである。あなたは誰と張りあって生きているのか。その人を無視できれば生きることはラクになる。

「自分自身であることの権利を信じつつ、あえて目標を定め意図を明確にするならば、人生を心配ごとで曇らせるようなことはないでしょう。人生にはあなた本来の資質に反するような義務はないのです——あなたがあると思いこんでいるだけなのです(註4)。」

他人に「どう思われているか」と悩んでいる人は、人生には自分本来の資質に反するような義務があると、一人で勝手に思い込んでいる。

悩んでいるあなたは、「自分自身であることの権利」が実際にはあると、一度だって思ったことはないのではないか。

人間だけが、自分を忘れる

「自分のすることを他人の理想と比べる不幸な人は、その力の半分をもぎとられているようなものです。(註5)」

シーベリーの言葉である。自分自身と違った自分を演じていれば、どうしても他人の評価が気になり、自分のすることを他人の理想と比べてしまう。その結果は、自分自身の力の半分をもぎ取られてしまう。他人が不当な重要性を帯びてしまう。

とにかく大切なのは「俺には俺の生き方がある」であり、「私には私の人生がある」という考え方であり、生き方である。

「鳥には鳥の世界があり、モグラはモグラの世界に生きている。(註6)」鳥は、自分が鳥であることを忘れて、モグラのように生きようとはしない。人間だけが、自分を忘れる。

「高い木の梢の突さきに鳥が一羽とまっている。風のなかで梢が大波のようにゆれているけれども、鳥は梢と一緒にゆすられながら一向平気で、目をまわしてしまうことはない。それから地の中を掘すすむモグラは、ぐるりがいつも真暗闇なのに別におそれる気配もみえない。（註7）」

私が訳したバスカリアの本のなかに次のような話があった。

「私たちが死んで神の前に召されたときに神がたずねることは、私たちが救世主、有名な指導者にならなかった理由でもなければ、人生の奥義についてでもない。質問はもっと単純である。それは、なぜあなたはあなたにならなかったのかということである。（註8）」

つまり十分に活動的で、自己実現している人間、あなただけがそうなる潜在力をもっている人間、そのような人間になぜならなかったのか。

世界の誰もがなれない自分になれる可能性があるのに、他人のことを羨んだり、妬んだりなどしている暇はない。

人にはそれぞれのセット・ポイントがある

太り気味で元気な人がいる。痩せていてエネルギッシュな人がいる。太り気味で長生きする人がいる。

体重にセット・ポイントというのがある。リチャード・E・ニスベットが言いだしたものである。その人に最も適した体重である。周囲の人に賞賛される体重ではない。ダイエットなどして無理に自分のセット・ポイントより痩せようとすれば、健康によくない。セット・ポイントより痩せても体に悪いし、セット・ポイントより太ってもよくない。

同じように、人はそれぞれ自分が生きていて最も快調である自分というのがある。つまり、体のことばかりではなく心理状態をも含めて、人にはその人のセット・ポイントというのがある。

その人の身長というのがあるように、その人の能力や適性というのもある。

その人の顔というのがあるように、その人の性格というのもある。

人それぞれ違うのは指紋ばかりではない。好きなことも違う。何よりも、人それぞれ違った運命を背負って生まれてくる。

ところがこれらの違いを無視して、「こうあるべき自分」というのにこだわりだす人がいる。理想の自我像といわれるものである。

この理想の自我像を実現しようとすることで、周囲を圧倒するような評価を得ようとする。その結果、現実の自分の能力は破壊される。現実の自分にはいろいろな限界がある。できることとできないことがある。

その現実の自分のできることとできないことを無視して、「こうあるべき自分」にこだわる。「こう」できない自分を責める。「こう」できない自分を憎む。「こうあるべき自分」に現実の自分を合わせようとする。

「こうあるべき自分」はどこから出てくるのであろうか？

一つには親の期待を内面化するところからであろう。

もう一つは、小さい頃の心の傷を癒やすための自分である。深く傷ついた自尊心を回復するために必要な自分である。小さい頃、深く自尊心を傷つけられた体験のない人には、なかなか「こうあるべき自分」は想像できない。

理想の自我像というのはプロクルステスの寝台の役割を果たす。プロクルステスの寝台とは、ギリシャ神話に出てくる話である。

旅人をただで泊めてくれる。しかしその寝台よりその人の身長が長ければ、切って殺してしまう、寝台より短ければ引き延ばして殺してしまうのである。

私はそういう人間ではありません

燃え尽き症候群とは、猿が水のなかで頑張って泳いでいるような生き方の結果と考えていい。魚が水のなかで頑張ったのならグッド・チョイスなのだから、燃え尽きない。劣等感に苦しめられない。

あるいは魚が、自分が魚であることに満足しないで、皆から賞賛されたくて、水泳とともに木登りも抜群であることを自分に求めた結果、陥るものが燃え尽き症候群である。

「猿の水練、魚《うお》の木登り」で燃え尽きる。

ではなぜ猿は泳ごうとしたのか。

それは猿に向かって、「なぜあなたは泳げないの？」といった親や世間の人たちがいたからである。

泳げない猿が「実際の自分」を拒否して、泳げる猿を「理想の自分」として描いたからだろう。

そして猿は泳げない自分を軽蔑した。歪んだ価値観がこの猿を殺したのである。

シーベリーは、悩んでいる人には共通性があるという。

「私はそういう人間ではありません。（I am not like that.）」ということをいえない人である。

白鳥は綺麗だから、白鳥を見ると皆がつい、いい声で鳴くことを期待してしまう。

「自分には自分の人生がある」と思えない人は、この白鳥である。いい声で鳴くことを期待されたけれど、「私は白鳥ですから、それはできません」といえないで、声の綺麗な小《さ》夜《よ》鳴鳥《なきどり》のようになろうとしてしまう。

その一言がいえたら、そんなに悩み苦しむことはなかった。

白鳥にいい声で鳴くことを期待する人は、白鳥を不幸に追い込む。

「私には私の人生がある」という生き方をできない人は、この一言がいえないで、本当の自分というものを犠牲にして、人の期待にかなって気に入られようとする。

悩んでいる本人は努力しているつもりである。しかしそれは、悩みに火をつけているような努力である。

悩んでいる人は努力が筋違いなのである。

今からでも遅くはない。

「私の人生はそういう人生ではありません」といって悩みのるつぼから抜け出す努力を始めることである。

弱点のある人ほど、人生を楽しめる

生まれてきて自分の人生がそこにあるのに、自分の人生を生きない。

そこに自分の洋服があるのに、自分の洋服を着ないで、人の洋服を着る。何よりサイズが合わない。着心地が悪いなどというレベルのものではない。色も合わない。

そこに自分の靴があるのに、自分の靴を履かないで、人の靴を履く。靴擦れができて、痛い。それが、他人の人生を生きている人である。


「人にどう思われているか」を過剰に気にする人は、自分の弱点を人に見破られないかと気にしているのである。

「人にどう思われているか」を過剰に気にする人には、「こうは思われたくない」というものがある。

自分の弱点を知られていないかを気にする。その弱点が「他人にどう思われているか」を過剰に気にすることの大きな原因であろう。

実は弱点があってもいい。誰でも弱点をもっている。それが「私には私の人生がある」ということである。

「私には私の弱点がある」

その弱点をもちながら生きるのが人生である。

弱点をもちながら生きる生き方を探す。それが「私には私の生き方がある」である。

自分を消耗させないためには

「自分が何をしなければならないか、これだけがわたしにとって重要である。人がどう思うかではない。現実の生活においても知的生活においてもこの規則は、偉大さと卑しさの間のあらゆる区別に役立つであろう。」とシーベリーはいう。(註9)

私は自分の書くものでも、自分は自分なのだと書き続けた。そして私は同時に、アメリカ中を歩いて悩んでいる人の話を聞いたシーベリーの本を訳し続けた。そのシーベリーは次のようにいっている。

「わたしはわたしであらねばならない。わたしはこれ以上、あなたのために自分を消耗させることはできない。もしあなたが、あるがままのわたしを愛せるなら、わたしはもっと幸福になるだろう。(註10)」

これは自分が父親からオモチャのように弄《もてあそ》ばれて、苦しんだことの反省の気持ちを表現していた。何よりも、自分がオモチャのように弄ばれていることに気がついていなかった。

はじめ自分は、大学は文化系に行くようにいわれ、そのつもりでいた。次に理科系に行くようにいわれた、さらに次には官僚になることを命じられた。

「なぜこう終始心配ごとに心を煩わされていなければならないのでしょう[註11]」

それは、まさに自分であることを放棄したからである。

亀はウサギと競走しない。白鳥はいい声で鳴こうとしない。

サルが泳ぐことを期待されたら、「私はサルです。魚ではありません」といえばいい。そういえる人は悩んでいない。

木に登れることよりも泳げることのほうが価値があると錯覚しているから、「私はそういう人間ではありません」といえないのである。

同じように人は、「ありのままの自分」に価値があるということに気がつかない。

不得意な領域で頑張ることをしない

「俺には俺の生き方がある」ということは、ただ自己主張すればいいということではない。自己執着や自己中心性とは反対の意味である。

「俺には俺の生き方がある」ということは、自分の不得意な領域で頑張ることをしないということである。

シカが海に行ったら生きるのがつらくなる。シカは浜辺では生きにくいのは当たり前である。シカは草原にいなければならない。

「俺には俺の生き方がある」ということは、シカは今、自分がいる海に執着してはいけないということである。

生きることに疲れた人、生きることが今つらい人は、自分が今どのような状況にいるのかをしっかりと見つめることである。

もう一度いう。シカが海に行ったら生きるのがつらくなる。

もし今、劣等感に悩まされている人がいたら、そういう人はシカなのに海にいるのである。自分の不得意分野で頑張っている人である。シカが草原にいたら劣等感に苦しめられない。

生きるのがつらいのは、自分が猫に生まれたのに、自分を鷹と思って生きているようなものだからである。

すると自分が猫なのに鷹と自分を比較する。

劣等感は「今、あなたは愚かな生き方をしていますよ」というメッセージである。

劣等感と劣等であることは何の関係もない。劣等感はあくまでも所属感の欠如である。

自己を生かす妨げとなるもの

人間が自由に自己を表現することの妨げとなるものは何か。

それは、人間の内部に潜む誤ったプライドである。

また他人への恐怖である。

自分自身を知ることの妨げになるもの、何か自分の内に新しいものが湧き出てくるような新鮮なる感情を妨げるもの、日々生きていることの新たなる喜びと感謝を奪うもの、それは人間のさまざまな不自由である。さまざまな恐れである。人間の愚かさである。


人間はほんの少しのものでももつと、それを失うまいとして心を悩ましはじめ、新鮮な自分を感じることを失ってしまう。

もっていないときは「得よう、得よう」として気をもんで、自己の内部から湧き上がる活動力を失ってしまう。

もたないことによってひねくれてしまう者は、もつことによって自己を失う。失うことの恐れ、よりもちたいと思う気持ち、他人から笑われることへの恐れ、他人に軽蔑されまいとする努力。そうしたことが、人間が自分を知ること、自分を表現することの妨げとなるのである。

この社会の騒々しさ、小さな会社の、小さな役所の、小さな学校の、そのなかで騒々しく噂しあい、いがみあい、そうした争いに明け暮れる現代人。その騒々しさのなかで自己を失う。

その騒々しさが本当の自己を知ることの妨げとなる。

誰々さんが同期で一番出世するらしい、誰々さんと誰々さんの仲が割れている。自分もあの人についていたほうがいいのかもしれない。一日一日の何というくだらない疲れ。疲れ果てながらもなお、小さな社会から超越できないで、くだらないことに執着している。

人生を無意味にしない法則

なぜいつも悩んでいる人がいるのか？

悩みの原因は、「自分が自分自身ではなくなったからだ」とシーベリーはいう。「自分自身であり得ないのなら、悪魔になったほうがましだったのでしょう。（註12）」ともいう。

過激なことをいうと思うかもしれないが、同じ趣旨のことは他の偉人たちもいっている。

ロロ・メイは「自分自身であろうと決意することは、人間の本当の使命である。（註13）」と述べている。

自分自身であろうと決意することで何が生まれるか。それは恐れがなくなることである。

そして安らぎから前向きに生きるエネルギーが生まれる。したがって心底元気になる。自分自身であろうと決意することで本当にエネルギッシュになる。

「人は幸せになるために生きているのではない。自らの運命を成就するために生きているのだ。」

これは私が若い頃、ロマン・ロランの小説『ジャン・クリストフ』のなかで読んだ言葉である。


自らの運命を成就すると決意した結果として幸せになる。

とにかく自分が自分であることが人間の最大の使命である。

親子であろうと、配偶者であろうと、誰であろうと、私が私自身になることを許さない人とは別れること。これが「人生を無意味にしない法則」である。


心はものすごい欲求不満でも社会的によく適応している人がいる。肉体的にいえば隠れ肥満である。

フロイドは麻薬について、「人間の運命の改善に役立ちうるであろうような大量のエネルギーが無駄に失われてしまうという罪をおかすのである。」(註14)といっている。

自分自身でないことは麻薬と同じである。尊いエネルギーが無益に使われている。

自分自身になろうとすることで自己肯定感と成長への意欲が生まれる。

自分自身であろうと決意すること、それは「私には私の人生がある」と決意することである。「俺には俺の生き方がある」と決意することである。

自分を大切にする人しか他人を大切にできない。

人は自分を受け入れる程度にしか、他人を受け入れられない。

自分を愛することなしに、他人を愛することはできない。

「他人への義務は、自分ができる限り生きる歓びに満ちている存在でいることによってのみ果たせるのです。（註15）」


「自分自身になろう」とすることは、身勝手に振る舞うということではない。

本当に他者と心がふれあえるようになるということである。

これがすべての人生の諸問題の解決の根本である。

人と真のコミュニケーションをすることが、人生の諸問題を積極的に解決する方法である。

意志のある人は、相手の話を聞くが、迎合しない。

意志のない人は、相手の話を聞かないで、迎合する。

現実否認をしたまま、身を守ることはできない

シーベリーは次のように述べている。

なぜこうも終始、心配ごとで心を煩わせていなければならないのか。

それは自分であることを放棄したからである。

さらにシーベリーは「私が私自身なら何を恐れることがあろう。恐れているなら、私自身ではないのだ（註16）。」と述べている。

自分自身であることを放棄した人は、他人との心の絆形成に失敗する。だから自分自身であることは、自分のためにも他人のためにも重要なのである。

イソップ物語のキツネのように、「あのブドウを欲しい」と無意識で感じても、それを認めない。

意識的には「欲しくない」と言い張る。その現実否認の態度が、「あのブドウは甘いという感情」にエネルギーを与え続ける。

「出世なんてくだらない」といっても、「あんな奴は相手にしない」といっても、その人は自分にとって重要であり続ける。

本当は「嫌いなのに好きだ」と思う。無理をして「イヤなことを好きだ」と思う。

すると「嫌い」という感情にエネルギーを与え続ける。

偽りの自分を演じるな

自分自身でありえない人とは、うつ病の病前性格者のような人である。善良な人で、努力しながらも、結果は意図したことと逆になってしまう。常に無理をして「実際の自分」と違った自分を演じているからである。

「他人のお荷物にはなりたくない」と努力するのだが、結果として他人のお荷物になる。それはすべて自分自身と違った人になろうとしているからである。

「自分には自分の人生がある」と思い、自分自身になることを決意すれば、すべては解決する。

自己執着的親切は、報われない努力になる

人は無理して親切をすると、相手を嫌いになる。したくないことをしたのだから面白くない。しかし嫌いという感情を直接的に表現できない。そこで憂鬱になる。

本当に「相手のために」という相手への愛情から親切をすれば、ますます相手が好きになる。

つまり自分がした行為が、本当の親切であるか、それとも自己執着的親切であるかは、その後のその人の気持ちを見ればわかる。

相手に何かで譲る。譲るということは大切な徳である。その行為の後のその人の気持ちで、その人の譲るという気持ちが本物か偽物かがわかる。

嫌われるのが怖くて譲る。その結果、相手が嫌いになる。嫌いな感情を直接的に表現できなくて憂鬱になる。

非生産的いい人の心理

うつ病の病前性格といえば義務責任感が強い、仕事熱心、真面目というようなことがいわれる。

メランコリー気質の特徴といえば、人に迷惑をかけまいとするといわれる。

要するに皆いい人である。

しかしこのいい人は、非生産的いい人である。

うつ病者は何か悪いことがあると自分が原因であると思う。それは自分の好きなことをして生きてこなかったからである。

うつ病になったその人はもともと猫であった。それなのに周囲から「犬」であることを期待され、「犬」として扱われた。すると大人になると、自分を犬として扱う人とつきあうほうが納得がいくようになる。

もともとが猫なのに犬の真似をして、なんとか犬の役割を果たしているのだから、それはすごいことなのである。とてつもなく優秀な猫である。これが非生産的いい人である。

しかし、もともとは猫なのだからどんなに頑張っても「弱い犬」である。その猫は苦労して頑張って「弱い犬」になった。

非生産的いい人というのは、頑張っているのだけれども自分の潜在的能力を発揮して生きていない。つまり非生産的いい人は猫なのに、努力して「自分は駄目な犬」と思い込んでいる人たちなのである。

もう一度いう、実は彼らはとてつもなく「優秀な猫」なのである。

猫であることに気がつけば社会のなかに居場所はある。心がふれあう友人もできる。

しかし自分を犬と思っているからどこにも居場所がない。

そこで対象無差別に人にいい顔をする。

猫が努力して弱い犬になっている。そして社会では犬と戦わなければならない。もし仲間に勝てば、次はさらに強い犬と戦わなければならない。

ここら辺が、会社でいえば部長であろう。それでも努力して、もし勝てば次はもっと強い犬と戦わなければならない。副社長クラスである。

そして犬のチャンピオンになってしまった。すると今度はオオカミと戦わなければならない。そんなことをしていても、いつかは挫折する。これがマーティン・セリグマンのいう「成功者のうつ病」といわれるものであろう。

会社でポストが上がることは、他人から見ると嬉しいことであるが、本人にしてみれば、さらに強い犬と戦うことを意味するのである。

外側は昇進ではあるが、その結果、最後には猫が犬のチャンピオンベルトをつけてオオカミと戦わなければならなくなる。

自分自身を偽って社会で生きている猫はいつも、いつも戦わなければならない。しかしいつか力尽きる。

自分が自分であることへの恐れ

最大の問題は、自分が猫であることに気がついていないことである。

それがビジネスマンの昇進うつ病であり、昇進自殺であろう。

昇進うつ病とは昇進したときになるうつ病のことである。昇進はしたい。課長なら部長への憧れはある。いったん部長になったらその地位に執着する。しかしその役割を果たしていかれるだけの自信はない。気が重い。憧れと能力が一致しない。

日本の場合、昔はその時々の役割をうまく果たしていけば、だいたい時が経つにしたがって地位は向上していく傾向にあった。したがって時が経つにしたがって責任は重くなる。

地位に執着するものは昇進を断ることはできない。不安だけれども嬉しいからである。

課長であれ、部長であれ、その地位についたことは嬉しい。しかし不安から仕事はできなくなる。たとえば夜は眠れなくなる。昼もストレスで疲れる。

ストレスで疲れるということは何もしなくても疲れるということである。

何も仕事は済んでいかないが、時は過ぎていく。仕事が済んでいかないから、いよいよストレスは強くなる。

ストレスと焦りで次第に心理的に混乱してくる。そこで最後には挫折せざるをえない。

そして負けたときに彼らは思う。これだけ努力してやっぱり駄目だったと。

こうした猫が最も恐れることは何であろうか？

それは自分が猫であることである。

自分でない自分で生きている人が最も恐れるのは、自分が自分であることである。

この恐れが心の病の根源にある。

もちろんうつ病者の最大の恐怖は「自分が自分であること」である。

「私は犬ではない、猫です」というのが、人間の最大の義務であり、最大の使命である。ところが周囲の人がどう思うかを恐れて「私は猫です」といえない。

「自分自身であろうとするこの命の義務を否定すると、それは生に反することになります。(註17)」

うつ病になるような人は「猫が猫であろうとしない」こと、つまり「自分が自分であろう」としないことを義務と間違えて思い込み、心理的に崩壊する。それは生命の崩壊である。

フランクルのいうように、「生のひき潮」であるうつ病になって何の不思議もない。

「自分が自分であろう」としないということは、生きることを放棄したことなのである。

他の犬や猫はもっと気楽に生きているのである。

犬が犬として生きているから気楽なのである。もし猫が犬のような生き方をしていれば「俺の苦しみをわかってくれ」と叫びたくなるだろう。「俺は生きるのがつらい」となるだろう。

生産的構えの人になる条件は現実を認めることである。

非生産的構えの人の条件は現実否認である。

生きるエネルギーがある人、ない人

もし自分が猫なのに犬として生きていたら、何か失敗をしたら「自分が悪い」と思わないのではないだろうか。

そして成功しても、何となく自分の力で成功したとは思えないのではないだろうか。うつ病者の場合には、成功はその人に自信を与えない。だから次々により大きな成功を求めるのである。

そして彼らはカレン・ホルナイがいう「成功を楽しめない人」である。いつも心の底で自分に失望をしている。猫なのに犬として生きているのだから、成功しているのにいつも失望していて不思議ではない。「成功と虚無感」である。

カレン・ホルナイの本のなかに「自分の欲しいものを手に入れても、それを楽しめない人」という表現が出てくる。つまり、利口になっても、どうやっても幸せにはなれない。自分が欲しいものを手に入れても、それを楽しめないのでは、苦しむように運命が決まっているようなものである。楽しむ能力の欠如した人々である。

「満足がないということがうつ病者の共通した症状である。[註18]」という。

なぜなのだろうか？

猫が犬として生きているから、「自分が欲しいはずのもの」とは犬が欲しいものなのである。

自分はドッグ・フードが欲しいと思っている。そしてドッグ・フードを手に入れた。でも実は、本能では魚が欲しい。ここがわからないかぎり、うつ病になる人々は決して幸せにはなれない。

ではこういう人は、自分を猫として扱ってくれる人のところに行けばいいではないかと、思うかもしれない。しかしそれがなかなかできない。猫よりも犬のほうが価値があると本人が思っているから。何よりも自分が猫であることに気がついていないからである。

ところでもう一つ大切なことは、犬は犬の行動をするからエネルギーが湧いてくるのである。猫が犬の真似をしていたのでは生きるエネルギーは湧いてこない。

猫は猫の行動をするから生きるエネルギーが湧いてくる。犬の真似をしていたのでは生きるエネルギーは湧いてこない。

カレン・ホルナイは、「神経症者は自分のためのエネルギーがない」という。自分のためのエネルギーとは、犬が犬の行動をするためのエネルギーである。猫が猫の行動をするためのエネルギーである。

生きるエネルギーのない人は、ひまわりなのに夕顔のように育てられた。

もっと簡単にいえば、自分の得意分野ではなく、不得意分野で生きてきた。

その結果、無意識にものすごい憎しみが溜まっている。

それを変えればいい。それを変えさえすれば、生きるエネルギーが湧いてくる。しかし変えられないで、復讐的勝利を目的に生き続ける。それは不自然な生き方である。

チューリップの花は大きく重い。だからそれを支える茎も太い。

朝顔の花を支えるツタは弱いから木に絡まる。だが朝顔はたくさん咲いている。

朝顔はチューリップになろうとしてはいけない。自然界は、その花にあった茎ができている。

人間だけが時に、重いチューリップの花を弱い茎で支えようとするからおかしくなる。

朝顔でも、チューリップでもいい。個性は違うが、すべての人はそれぞれの才能をもっている。

どんなに生産的構えで生きている人になろうと思っても、無意識の領域に憎しみがあれば、生産的にはなれない。

生産的構えで生きている人になるためには、ただ「修業だ、修業だ」といって頑張るのではなく、まず無意識の領域にある憎しみを意識化し、それを自我に統合化することである。

非生産的構えの人の無意識は、ちょうど貯水池に水が溜まって空《から》にならないようなものである。

どうしても生産的構えの人になれない人は、自分は小さい頃から、漬け物みたいに毎日がプレッシャーであったことをしっかりと意識することである。

そして自然を観察することである。

足がロバで、首がキリンだったらどうなるか。短い足に長い首。おかしいであろう。

そしてキリンは自分がキリンだからロバを認めることができる。キリンが無理をしてキリンでなくなると、ロバを認めることができないのである。だから自分が自分の生き方で生きることは、自分のためでもあり、人のためでもある。

「疑似自己」に安住してはいけない

自我の確立とは、ロロ・メイのいう「自己の内なる力」をもつことである。心の能力が発達していることである。

「自己の内なる力」は自分を受け入れ、自分の潜在力を実現することで生まれてくる。

つまり「自己の内なる力」は自己蔑視がないことである。

「自分自身になる」とは「疑似自己」ではない自分になることである。つまり、感情が豊かであることである。

自分が自分ではない「疑似自己」では、実存的欲求不満がある。自分が自分ではない人は、生きていることの無意味感に苦しんでいる。

神経症者は、自我価値の剥奪を恐れて現実から逃げた人たちである。

自己不在の人ほど自意識過剰

自分で自分を軽蔑してしまうと、どうしても隣の芝生に気をとられてしまう。

自分で自分を信頼している人は、他人のことをそんなに気にするものではない。自分は自分、他人は他人ということがよくわかっている。

詩人の三木卓が『ＰＨＰ』という雑誌に次のようなことを書いている。

「学生時代に現代文学等についていっぱしの批評などしていた人で、自分が作品を書くと驚くほど稚いものを書く人がいるという。そういう人は一度書いて仲間の反響を聞くと二度と書かないという。

では文学を続けてきた人はどういう人かというと、自分の作品が、宮沢賢治や西脇順三郎に比べてはるかに見おとりのする作品であることは、充分承知しているのだが、だからといっていきなりがっかりしてペンを捨てたりしない。〈中略〉自分が見おとりのするものしか書けないとしても、それがどうだろう。今こうして自分の作品を書いてみることが楽しいのだ（註19）。」

私もこの心境でいつも原稿を書いている。自分に書けるものを書けばいい。大切なことは精いっぱい書くことである。

人生を有意義に生きる人というのは、自分よりあの人のほうが優れたものを書くとか、自分の書いたもののほうがいいものだとか、そんなことを気にする人ではない。ただただ夢中で自分のものを書く人である。自分の能力が自分にとって大切なのであって、人の能力は自分とは関係ない。

人のことを気にする人というのは、肝心の自分のやるべきことをおろそかにする人である。人の芝生を気にする人は、自分の芝生の手入れを怠るものである。

人間は生まれたときからそれぞれ違っている、とはパール・バックの言葉である。先に書いたように私は若い頃、劣等感に苦しめられていた。他人より優越したくてたまらなかった。他人より優越しなければ生きていかれないように感じていた。

他人より自分が優れたいと深刻に思うのは、自分に劣等感があるからである。自分で自分を軽蔑するからこそ、自分が他人より優れていないと気が済まないのである。

このような人は、自分に自信がないくせに自信のあるようなふりをする。そしてこのように、劣等感があるから、逆に高慢になる人というのは、人に最も嫌われる人なのである。

そしてこのような人は傷つきやすい。人は高慢であるかぎり傷つくものである。人は、他人の言葉によって傷つくものではない。他人の言葉を使って自分で自分を傷つけるものである。

したがって若い頃の私は、他人が自分をどう見ているかいつも気にしていた。他人によく自分を印象づけようといつも気を張っていた。そんなわけでいつも疲れていた。人間はストレスから疲れる。

他人によく思ってもらうためだけに生きていれば内面的な情緒の成熟はない。そうした点で私は自己喪失しかかっていた。自己不在の人ほど自意識過剰である。

先にも書いたように、そんな私は必死になってものを書きはじめた。他人に気に入ってもらおうとするばかりの生き方ではいけないと自分に言い聞かせていたのである。もともと人間は一人ひとり違うのに、それを比較して優越感をもったり劣等感をもったりするのは愚かなことなのである。

他人に実際の自分より自分をよく見せようとするのは愚かなことである。

自分は自分であればいい。自分自身であろうと決心することは、人間の決心のなかでも最も重要な決心であろう。

あなたの人生は、誰のものでもない

私たちが死んで神の前に呼ばれたとき、神は私たちに、なぜ貴方はモーゼのような人間でなかったのかとは尋ねない、なぜ貴方はあなた自身であろうとしなかったかと尋ねるであろうという話を、ある本のなかで読んだ。

「大人は、自分を周囲の他人と比べるのではなく、自分の能力、関心、目標をもっと掘り下げて、自分を見つめなければならない。(註20)」

自分は自分、他人は他人ということが感じられる人が心理的に大人ということである。

自分の人生は、誰のものでもない、自分自身のものだということを、私たちはいつも自分に確認しておく必要がある。

そのことは同時に、「あなたの人生は、誰のものでもない、あなた自身のものだ」ということにつながる。

人真似ではない、自分の人生を選択するための励ましの言葉を最後に挙げておこう。

イギリスの詩人マシュー・アーノルドの言葉である。

汝《なんじ》自身であることを決意せよ！

そして、自己を発見した者は惨めさを忘れると知れ。

若き日の苦い思い出

私にとって大人になるということは、心理的に父親から自律するということであった。

この世の中で一番いいのはわが家であり、家の外は危険と愚劣の充満しているところである、というのが父から教えられた世界観である。

私の父は、私が家以外のところで楽しむということをきわめて不快に感じていた。「こんないいところは世の中にない」、それがわが家であった。父は、職場の同僚とつきあうことがどんなにくだらないことか口をすっぱくするほど主張していた。職場の人間をはじめ、家族以外の人とつきあうことは、卑しい人間のやることと、わが家ではされていた。

父親は「本当にやだよね、会社のつきあいってやつは」といつもいっていた。私もそのように信じていた。そして春夏秋冬と一家で旅行した。

「本当にやだよね、会社のつきあいってやつは」という言葉が父親の偽装された劣等感から出た言葉であるとは思わなかった。誇張した人間嫌いとして劣等感が表現されているとは思わなかった。こうした言葉は劣等感の症状の一つである人間嫌いを表現したものであるとは気がつかなかった。

逆にそれは、この世の最も尊い出来事であり、最も楽しいこととされていた。私もこれ以上楽しいことはないと、自らの心をあざむいて無理矢理信じ込んでいた。

父は、いつも早く家に帰ってきた。「くだらない、馬鹿馬鹿しい、卑しいつきあいを避けることのできる立派な人」だったからである。

よく土産を買ってきた。「酒飲みっていうのは、本当に馬鹿だよね、最後はみんな負けるんだよ」といいながら土産を渡された。

そして10代の私は、その土産を飛び上がって喜ばねばならなかった。それをしないと父はものすごく不機嫌になった。私は感情のすみずみまで束縛されて育った。

夏休み、心の底では行きたくない海への家族旅行も、「つれていってください」と頼まねばならなかった。感情のすみずみまで束縛されていた私の自我は、健全な形成を阻《はば》まれていた。そして大人になった私は、今度は自律を犠牲にした人間関係を形成していった。

自我の確立していない私にとって、他人を束縛したり、束縛されたりする不健康な関係が最も形成しやすいものであった。

だが大人になり、社会生活をしていればいろいろな人と出会う。それらの人が皆、私を束縛しようとしていたわけではない。しかし私はすべての人から束縛感をうけた。つまり自分で自分を束縛していたのである。

やがて、どうも自分は、自分で自分を束縛しているだけではないのか、ということに気がつきはじめた。

私は今までの人間関係をふり捨てて、新しい人間関係をつくることに努力しはじめた。

そしていろいろなことがあった。やがて「自分は自由なのだ」ということを感じられるようになった。

だが、はじめにそれを感じとったとき、私は腰の抜けるほど驚いた。誰も私を束縛しようとはしていない、私は自由なのだ、そう感じたとき、私は本当に驚いた。

それまでだって私は自由だったのである。ただ自分で自分を縛っていただけなのであるが、どうしても他人に縛られていると感じてしまっていただけなのである。

それは東京の街を歩いているときだった。今まではいつも何かにせかされている気持ちがしていた。いつも誰かに縛られている感じがしていた。

しかし実は誰も私をせかしてはいなかったのである。ただ自分で自分をせかしていただけの話なのである。

今、自分がこうしていることは誰にも不快感を与えていない、それはまったくの驚きだった。小さい頃、自分の一言で父が急に不機嫌になり、家があれた。小さい頃、自分のちょっとした行動で父が急に怒りだし、家のなかは暗くなった。

私は自分の言動が他人に不快感を与えることを極端に恐れるようになっていた。

それ以来、私は街を歩いていても、部屋にこもっていても、自分が他人に対して不快な存在になるのではないかと、身を縮ませていた。しかし実は、誰も私の父のように私の言動にそんなに不快になどなりはしない。それなのに私は、他人が自分をどう思うかを恐れていたのである。

そうした点で私は現実と接していなかったといえる。私の周囲の現実は、私の言動に過敏に反応するわけではない、それなのに私は、敏感に反応するのではないかと恐れていた。

私は実際の現実に接した感じ方ができたとき、驚いたのである。こんなにも、本当にこんなにも人間とは自由なものなのか、ということにしばし呆然《ぼうぜん》としたのである。

しかし、その過程で、費やされたエネルギーは大変なものであった。私は自由だった、心はラクだった。だがその未知の世界に慣れるまで私はヘトヘトに疲れた。私は自由なのだと感じられたときから毎日、毎日徹夜の翌日のように眠り込んだ。

心が自由になったからといって外側からの規制がなくなるわけではない。霞をたべているのではない以上、いろいろの強制はある。

朝は眠くても起きなければならず、仕事はしなければならず、会いたくない人とも会わなければならない。

しかし、心の内側からの束縛がとれると、ものごとへの感じ方は完全に変わってくる。「こうしなければならない」ということがなくなってくるのである。「『べき』の暴君」がいなくなる。

たしかに外的強制として「しなければならない」ことはある。しかし、感じ方としては「こうしなければならない」という心のなかの強制がなくなっているのである。

そして私にわかったことは、今まで自分を苦しめていたのは外的な強制ではなくて、内的な強制であったということである。

それにしても自分が自由になってみると、それまでの自分と同じように自分で自分を束縛して苦しんでいる人がよく見えてくる。

こちらが何もその人に要求していないのに、何か要求されていると感じている人がいる。こちらが何もそうした感情も、そうした期待も相手にしていないのに、相手は勝手にこちらがそういう感情をもっていると決め込んで、こちらを恨んだり、一人で嘆いたり、悲しんだり、時には怒ったりしている。

実際の人間の感情とはまったく違った感情を前提として、得意になったり、落胆したりしている。自分一人で、周囲の人は自分にこう感じていると勝手に決め込んで、そのうえで喜んだり悲しんだりしている。

まさに現実とは違う自分一人の世界、現実と隔離された一人の想像の世界に閉じ込もって生きている人がいる。現実との生きた接触を保つということは、やさしいようでなかなか難しい点もあるようである。

誰もその人を責めていないのに一生懸命弁解している人がいる。誰も責めてはいないのに責められているように感じてしまうのであろう。私もそうであった。

第3章

探し求めよ、自らの使命を

人間は自由のもとに成長する。
しかし逆に、自由とは条件である以上、人間は自由のもとに退廃することもある。
ある人にとって自由とは、生きがいと自らの価値観を失うことの自由であった。
だが、またある人にとっては、真に生きがいを得ることのできる自由であった。
自由とは人間の試練の場である。
自由のもとに栄えるか、滅びるか？
もはやごまかしの生き方によって自らの存在意義を確信できる時代は過ぎたのである。

内心の声を聞こう

誰も他人から自分の人生の目的を聞くことはできない。他人から、いくら「生きることそのことのために」とか「神に仕えるために」とかさまざまなことを聞いても自分が納得できなければしようがない。

だが誰にだって人生の目的がある。それは知識ではない、感じるより仕方ない。では、なぜ感じることができない人がいるのか。それは自分の心がとらわれているからである。

虚心坦懐になって生きてみれば、おのずから自分の内に、自分の人生の目的を感じることができるにちがいない。

「自分には自分の人生がある」という生き方をしていれば、自然と自分の人生の目的が見えてくる。

われわれはとらわれている。会社に行けば同僚のあいつが憎らしい、あいつを「負かしてやろう、負かしてやろう」と心がいっぱいになる。

早くあの会社に、あるいは大学に「入ろう、入ろう」とそればかり考えている。だから入ってみるとポカンとして人生の意味がわからなくなる。それは、「入ろう、入ろう」と心がとらわれていたからである。

会社も大学も「何かをするために入る」ところである。それなのに、「入ろう、入ろう」と心がとらわれているから、わからなくなってしまう。

人は「何かをするために結婚する」。それを「結婚したい、結婚したい」と心がとらわれているから、結婚してみるとポカンとしてしまうし、「結婚したい、結婚したい」と思っているときは、とらわれているから何も見えない。

この人生で「自分は何をするのか？」、そのために学校に行き、会社に行き、結婚するのではないか。それを学校に、会社に、結婚に気をとられて、自分がわからなくなっているのが現代人である。

心を空しくして自分自身をたずねていけばいい。

もちろん、もはや内心の声が聞くことができないほど衰弱している精神もあろう。だからといって、あいつに、会社に、噂に気をとられていたら、いよいよ心は衰弱するばかりである。

噂よりも自分の生命を大切にする。それは気持ちをラクにして、心を自由にして活動することである。

表面上は親に従順であったが、心のなかでは反抗していたというようなこと、あるいは先生と意見があわなくて心のなかで戦っていたということ、あるいは友人に自分を飾っていたということがある。つまり、ここにいるときは何もかも自分をさらけ出してホッとしていられる、あるいは、いいたいことをいってもいいというような場所、あるいはこの人といるときは何か安心していられるというような人をもっていない場合に、人生の目的を感じることができなくなる。

「俺には俺の生き方がある」という生き方をしていれば、「自分には自分の人生の目的がある」と自然にわかってくるはずである。

活動こそ生への情熱

静かに、内心を見つめることのなくなった現代人、本当の自分の姿を見ようという気持ちさえ失った人々。

静かな雨の降る日、一日でいい。「いったい、自分はなんでこんなことをしているのだろうか」と考える必要はないだろうか？

会社に行けば気に入らない人がいる。そいつが憎らしくて、そいつに勝ってやろうというようなことで、そいつに気をとられて、いつしか自分を見つめることを忘れている。

憎しみ、嫉妬、妬み、それにとらわれて自分を失う。

憎しみから、嫉妬から、妬みから解放される道は、まず自分から積極的に何かをすることである。

有意義な仕事、勉強、何でもいい。何らかの活動をすることである。

活動こそ人間の出口である。

あとは自分の手が動くこと、体を動かし、飛び跳ね、歌う。この生きていることの素晴らしさに感謝することである。

われわれは活動によって、人間がもっているさまざまな小ささ、弱さから解放され、真の自己を知ることができる。

永遠なる人生の王者

欲を基盤とした人間関係が孤独であり、情熱を基盤とした人間関係が人の心のふれあいである。

よく人間だけが関係するという。人間関係はあっても犬関係、猫関係はないといわれる。しかし、猿にも集団がある。集団がある以上、そこに猿関係というのはあるはずである。だが人間を除いて情熱を基盤とした関係は他の動物にはないのではないか。

そして動物の欲には限界があり、たちまち満足するが、人間の欲は無限だから、絶えず満たされない。そして無限であるからこそ、欲を基盤とした関係は常に孤独なのである。

欲とは外にあるものを自分のなかに入れようとすることである。

情熱とは与えること、自分のなかにあるものを外に出すことである。自分のエネルギーを外に出すことである。

欲と情熱とは正反対のものである。欲は復讐的勝利を目的とするが、情熱は「俺には俺の生き方がある」という生き方の基盤である。

この情熱を支えにした人間だけが、愛を愛とのみ交換し、信頼を信頼とのみ交換するのである。人と心がふれあう関係をつくり、仲間意識を生み出す。

であれば情熱を失った者にとって、その生を支えるのは欲しかない。欲によって支えられた人生は空しさと不満の永遠のくりかえしでしかない。

欲を生の支えとした人間が復讐的勝利を目的とし、愛と金とを交換し、かくて社会生活の疎外がはじまるのである。

欲を生の支えとして生きる者は、やがて自らが獲得したものによって支配される。欲を支えとしてお金を得た者は、お金に支配され、お金の奴隷となって生き、地位を得た者は、その地位にしがみついて、自由なる生活を失う。

情熱をもって生きた者は最後まで自らの生み出したもの、獲得したものを支配し続ける。つまり、人間の尊厳を最後まで保持し続ける。「自分には自分の人生がある」という生き方は、自分の宿命を受け入れた生き方の主張であるから、情熱を生み出す。

情熱を支えに生きる者は、他人を支配することも他人から支配されることもなく、一切の生産物からもお金からも地位からも支配されることがない。

真に人生を支えるもの

欲を支えとして生きていれば、人間はいつしか人生の意味がわからなくなってくる。自分の儲けのために人間関係を利用し、権力を求めて対立して生きていくならば、どうしてそんな生活から人生の意味をつかめよう。

権力型の人間は、多くの人に取り囲まれながらも心の底では常に一人ぼっちなのである。結局は、人生の意味も自分の価値も感じることができずに生きている。人とつながることの反対である。

権力は支配・被支配の関係であり、仲間意識とは反対である。

私の友人で権力の座についた人間がいっている。

「人間とはどうしてこうも権力に弱いのだろう。あんまり弱くて不必要なまでにペコペコしてくるから、いじめたくなるんだ」

威張る人間とペコペコする人間の関係に、心の交流は全然ない。権力の座についているほうは自分の価値を感じることができないから不必要なまで威張るのだし、ペコペコする人間は自分も権力の座につきたいからペコペコするのだろう。それは互いに孤独な一個の魂なのである。

権力欲を捨てれば、権力にペコペコする必要なんかどこにもない。

欲を支えに生きれば、うまくいっても孤独だし、まずくいけば無気力になる。

無気力はノイローゼ一歩手前の症状である。欲を支えに生きて人生の意味と自分の価値を感じることに失敗した人間が無気力になるのである。

人生の考え方が間違っていたのである。だから無気力になっていったのである。それは時代の波に流された人間の末路なのである。

競争することの自由を、競争しなければならない不自由に変えたのは、人間の弱さだった。現代の人生に対する考え方は間違っている。そういう意味で時代が悪いこともたしかだ。しかし、同時にその間違った時代の考え方に押し流されて、間違った人生観をもち、間違った生き方をした私たちも弱かったのである。

「弱い」ということは「自律していない」ということであり、服従ということである。

新しい絶対的価値基準

身分から契約へと時代が変わり、個人の能力が高く評価されるようになったことは素晴らしい。しかし、そこで人間が忘れたのが自分のための人生なのである。

たとえば電車を待っているプラットホームの人の列を考えてみよう。2列に並んで待っているところに空の電車が入ってくる。そのとき一番不安になるのが列の中央、つまり座れるか座れないかわからない位置にいる人である。一番前のほうは座席獲得競争に勝つ自信があるからある程度落ち着いている。不安なのは中央である。列の後は、もう座れっこないと思っているから落ち着いている。

身分から契約へと時代が変わり、実力主義の時代に入ったということは、すべての人間が列の中央と同じ位置になったということである。

身分によって固定した社会の人間は、肉体的につらくても精神的にある種の安定を得ていた。前の時代は、座席指定券をもっている人ともっていない人が分かれていたから、その不平などのなかで落ち着いていたのである。争う必要がなかったのである。

神を失い、絶対的価値基準を失ってしまった現代人は、人と自分を比較する相対的価値基準以外に何ももたなくなってしまった。

つまり、人が立っているのに自分は座っていられると得意になるか、人が座っているのに自分は立っていると思って、人生が嫌になるかしかできなくなった。立っていることはいいことか、悪いことか、座っていることはいいことか、悪いことか、ということは、まったく見落とされてしまった。ただ、人と比較して生きるだけの人生となった。

絶対的価値基準を失ったとき、人間は相対的価値基準によって生きるのではなく、今までに代わる何か新しい絶対的価値基準をうち立てるべきだった。

欲は相対的価値基準へとつらなる。欲はお金でも地位でもハッキリと量であらわされるから比較されるようになる。しかし、情熱は質的なものである。比較することはできない。

欲は人間の一切を金銭で計算し、権力で計算する。人間をお金に売り渡してしまい、人間をお金に換算し、人間をお金と交換可能なものとしてしまった。

情熱こそ人間を人間とだけ交換できるようにする。

今、絶対的価値基準とは情熱以外にない。

不要な気どりを捨てよ

人間は動物と同じレベルで生きることはできない。意味を求める。生きている意味を求め、自分の価値を感じたがる。

その人間が他の動物と同じように単に快を求め、不快を避けるという生き方をしていれば、必ず人間的な面で破綻がくる。

だが、しかし人間は他の動物と同じ面ももっている。したがって快を求め不快を避けるということをしていれば、必ず人間的な面で破綻がくる。

不快なことばかり続くと、弱い人間はノイローゼになっていく。そして一般に社会が個人を助けることのできるのは、人間のこの動物的な面についてである。それ以外の人間的な面については、個人は社会と関係なく責任をとらなければならない。人間は人間の責任なのである。

気どりを捨てて活動すること。これ以外に生きる道はない。それこそが「俺には俺の生き方がある」である。自分自身になることで人とつながっていくことである。

死ぬことが怖い人は、生きることも怖い

よく、われわれは自らの内面の不安を覆い隠すために、日々忙しく飛び回り、自分の心の深奥から目を転じるために遊びたわむれる、という。

われわれの内面を不安にしているものは何か？　それは人間存在そのものに由来しているとは私には思えない。

人間は自らの表面の行動と内心の深奥にある行動とが食いちがったとき、内面が不安になるのではなかろうか。

つまり自らの内心の深奥の声を聞いて、それにしたがって行動しているとき、人間の内面は不安におののくことはない。

現代人はその二つが食いちがっているから内心が不安になるので、人間の存在そのものが不安なのではない。

われわれは自ら表面の言動と内心の声とを食いちがわせたまま、自らの存在を確固たる地盤の上に立てたいと望む。それは無理なことである。

そしてその二つを食いちがわせた人間は、人生の意味がわからなくなり、生きることも死ぬことも怖くなる。

死ぬことが怖いという人間は、必ず生きることも怖いという人間である。

逆に「生きることが怖い」という人間は、必ず「死ぬことも怖い」という。

生きることに喜びを感じている人間は、「死にたくない」とはいっても、「死ぬのが怖い」とはいわない。

生きることに喜びを失った者は、「死にたい」といいながら「死ぬのが怖い」という。

死とは生き抜いた者の栄冠

生の腐食から死の恐怖が生まれる。そして生の腐食した者が「自殺する勇気」などということを言いだす。

自殺は最後の自己主張であると考えることはできる。最後の抵抗であると考えることもできる。しかし、それは否定的な自己主張である。

たしかに自殺した者には、これだけは自分でできた、という誇りがあるかもしれない。しかし、それはヤクザの俺はこれだけケンカしたという誇りと同じことである。

生の否定は死ではない。自己を主張するために、暴力にうったえたり、非行に走ったりすることが、生の否定である。

より美しく生きられる人生を、すねて曲がって生きることが、生の否定であって、死は生の否定ではない。

自然死は生の輝ける栄冠である。よくぞ今日まで生きてきたという栄冠である。よくぞ今日まで、さまざまの美しいことをしてきたという栄冠である。人は死を考えるとき、生まれてこなければ死ねないのだ、ということを忘れてはならない。

生まれたからこそ、生きてきたからこそ死ねる。それは生ききった者の栄冠である。生ききってはじめて生の素晴らしさがわかる。

死は人生の意義づけである。この人生で、これだけのことをやった、よくぞやった、よくやった、という人生の価値づけが死でもある。

人間は一個の条件である。

青春は一個の条件である。

どんなに素晴らしいこともできるし、またどんなにひねくれることもできる。

自殺が最後の否定的な自己主張なら、堂々たる自然死は最後の肯定的な自己主張である。

人間はさまざまな死に方ができる。死に方にも人間の生の主張がある。

「なすべきこと」の発掘

人はそれぞれ人生の大きな目的をもっている。誰もが生きていることの目的をもち、この世における大きな使命をもっている。自分には自分の人生の目的がある。だが、それに気がついていないのである。大きな目的と輝ける使命をもちながらそれに気がついていない。気がついていないだけのことである。

復讐的勝利に気をとられて、「俺には俺の生き方がある」ことに気がついていない。自分が自分自身に気がついていない。

習慣、宗教、騒々しい文明、世論、その他さまざまなものに覆われて、自らの生命を発見することができないままで生きているのである。

真の生命を厚く覆っているものを一つ一つ剥《は》いでいって自らの生命の本源に達するとき、各人は自らの使命、自分の人生の目的に気がつくのである。

われわれはあまりにも多くの騒々しい文明に取り囲まれて、教え込まれすぎている。

あまりにも人生の生き方を他人に決められてしまいすぎている。

自分自身の可能性に身をまかせているのではなく、型の決まった箱のなかに自分を押し込んでしまっている。

そのような生き方をしていれば、誰でも自分の生きている目的をつかめないし、使命を感じることもできない。使命、目的というものはきわめて人間的なものである。だから人間的な生き方をしなければ感じとることができない。

青年時代は自分のまわりにとりつけられたさまざまなものをとりはらい、自らの人生の目的を探し求めなければならない。

必ず自分でなければ、できないような固有なことがこの世の中にある。それがわれわれによって、発見されることを待っている。

自らの手で、この目的を、この仕事を探しあてなければならない。

人に与えられるのではない。自分で「ああ、これをするために自分は生まれてきたのか」というものを見つけ出さなければならない。この世の中には、その人によって発見されることを待っている仕事がたくさんある。

探し求めよ、自らの使命を。自分には自分の使命がある。

そして自らの固有の使命を感じたとき、人は自分の内に大きな力が湧き起こってくるのを感じる。そのとき、人とつながったのである。

自分が生きていることの理由を、自分の存在の意義を、自らの生命の重要性を感じとるとき、人は自らの内に偉大さを感じるにちがいない。心がふれあう人が見つかるにちがいない。

人間は誰でもが、自らの偉大さを感じることができる。そのための生き方が「俺には俺の生き方がある」である。

人間は一個の条件である。自らの内に力を感じ、自分が何かであることを感じるとき、堰《せき》をきった水の流れのように、生きがいがこんこんと体内に流れるのを感じるはずである。

真の生きがいを感じる生命の上に、さまざまな泥土が堆積してしまっているのである。堆積した土砂を洗い流してしまえ。

そうしてしまえば、自分は自分の人生で、美しい何かができることがわかる。そのとき「俺には俺の生き方がある」とわかる。

自由とはそのためにあるものである。真の生きがいを感じられない人は、「私は私、あの人はあの人」という自我境界ができていない。

情緒的成熟をした人は、自分自身を受け入れ、自分の特徴を認識できる。

自由とは太陽なのである。

植物が太陽の光のなかで育つように、人間も自由のなかで育つ。光のあるところで植物は自らの内なる可能性を開花させる。

光それ自体はただ、環境なのである。その環境のもとにおいて植物は生育する。人間も自由そのものは決して目的ではない。自由のもとにおいて、人間は自らの内なる可能性を開花させることができるということである。

自分を内から自由にする

人間は自由になっていくプロセスで、ものすごい心的エネルギーを必要とする。小さい子どもや青年がよく眠るのは、必ずしも肉体的な理由ばかりではないだろう。それまで何かを頼りに生きていた。何かを頼りに生きるとは、逆にいえばその何かに縛られる、ということでもある。

そしてその何かを頼りに生きるということは、膨大な心のエネルギーを必要とするというのではない。しかし、心がしがみついていたその何かから離れて、自分自身を頼りに生きはじめるとき、信じがたいほど大きなエネルギーを、人は消費するのではなかろうか。そして自由になった心は外の対象にエネルギーを向けていく。何かに情熱を傾けていく。

ところが、心が自由になっていく過程というのは、闘いである。今までしがみついていた何かから、自分自身を頼りにするようになるその過程では、内なる葛藤にエネルギーを使うであろう。

それまで、何かに固くしがみついていればいるほど、それから離れるのにはエネルギーが必要になる。「自分には自分の人生がある」ことに気がつくためには莫大なエネルギーが必要になる。

さらに、今まで慣れていない自由という世界に接していくとき、エネルギーを必要とする。未知の世界で生きはじめるとき、やはり大きなエネルギーを消費する。束縛から自由への行程で、人は膨大なエネルギーを費やす。それまでの束縛が強ければ強いほど、そのエネルギーの必要量は大きい。

そして未知の自由という世界に慣れるまで、またエネルギーを使う。

しかしこの成長に費やされるエネルギーは無駄なエネルギーではない。幸せになるためのエネルギーである。


外から自分を束縛しようとする人々との闘い、さらに自らの内からの束縛との闘い、その闘いを闘い抜いてこそ、人は一人前の人間となれるのであろう。

「自分には自分の人生がある」ことに気がつくまでに、与えられた膨大な破壊的メッセージを打ち破らなければならない。多くの人は、周囲から与えられた「あなたには価値がない」という破壊的メッセージに押しつぶされてしまう。

小学生の登校拒否からサラリーマンのうつ病まで、最近の社会の問題は「よい子」の病理である。これらの人々は、ただ真面目というだけでこの闘いを闘い抜けなかった人々なのではなかろうか。

外からの束縛も強すぎたし、したがって内からの束縛も強すぎた。それらの人々は他人から束縛されて生きてきたし、同時に他人を束縛しようとして生きてきた。

束縛され、束縛する、それが相互密着である。その関係のなかで人々は自分で自分を束縛していく。いや、自分で自分を束縛することが最も安易な生き方なのである。

自分を内から自由にすることに必要なエネルギーは、身近な他人を束縛することに必要なエネルギーよりもはるかに大きい。

人間にとって最も安易な生き方は、相互に束縛しつつ、自分で自分を内から束縛していくことである。大人になるということは、親からの心理的離乳をとげ、人々との相互密着を断ち切り、現実と接するようになるということである。成人式を迎えても心の自由でない人は、心理的にはまだ大人ではない。

心理的に大人になるためのエネルギー、それは幸せになるための重要なエネルギーである。それは復讐的勝利に向けて費やされるエネルギーとは正反対のエネルギーである。幸せになるためのエネルギー、それが自己実現している人のエネルギーである。

「探し求める自由」を忘れてはならない

自由とは環境である。

しかし人間は植物と違って、自然的環境の他に社会的環境というのがある。そして

この環境にがんじがらめにされている。

自由とは人間が何かをするための必要条件であって十分条件ではない。

自由のもとにおいてしか人間は自らを感じることができない。人間は自由のもとにおいて自らを知り、自らを表現しようとする。

重ねていうが、自由そのものは決して目的ではない。それを誤解するから次のようになる。

「吾人《ごじん》は自由を欲して自由を得た。自由を得た結果不自由を感じて困っている。(註1)」

自由とは手段であって、われわれは自由を得たと同時に「自己」をも得なければならなかった。自由を得たとは、のびのびと天真爛漫《てんしんらんまん》に生きる可能性を得たということ

で、天真爛漫な生命そのものを得たということではない。

近代において、たしかに自由を得た。しかし、ある意味では競争の自由は、競争しなければならない不自由となっている。競争社会のもつ危険である。

人間は自由のもとに成長する。しかし、逆に自由とは条件である以上、人間は自由のもとに衰退する。

ある人にとって自由とは生きがいと自らの価値観を失うことの自由であった。だが、またある人にとっては真に生きがいを得ることのできる自由であった。自由とは人間の生きる場である。

自由のもとに栄えるか、滅びるか？　それこそまさに人間の勝手である。

自由とは、何を思ってもいい、何をいってもいい、何をやってもいい、ということである。だが、しかしそれでは「つまらない」という人もいるだろう。平和と自由に退屈する人もいるだろう。

しかし、真の自由の意義は、単に何をやってもいいということではなく、やり甲斐のあることをやるということである。復讐的勝利を目指すことは自由ではない。自分自身を失うことである。

ウルフは「野心的な人はいつも緊張が解けない。(註2)」と述べている。野心的な人はいつもストレスに苦しみ、消耗する。彼らはそのために自分の健康を駄目にし、協力すべき人々をも敵に回してしまうという。復讐的勝利にとらわれる人はいつも「悔しい」思いをする。

そして自由とは、もしやり甲斐のあることが目の前にないなら、やり甲斐のあることを探し求める自由である。

自由を単にやり甲斐のあることをやる自由とだけしておくと、やり甲斐のあるものが与えられないとき、それは「何となくつまらなくなる自由」になってしまう。

「探し求める自由」を忘れてはならない。

青年よ、何かを探し求めて前に歩いていけ！

自由の名のもとに、われわれが忘れたのは「探し求める自由」と、「創造の自由」である。そしてまた、自由とは手段であり条件である以上、それはいかに放棄するかが致命的なのである。

職業選択の自由をもっているとき、いかにして職業を選ぶか、ということが大切なのである。

今までの人間は、あるいは神によって、あるいは国家によって、ある程度ごまかしのできる生き方が与えられていた。だが、自由のもとにおいては、自らの全情熱をかけて、ごまかしのない人生を生きる以外に生きる方法はない。それが「自分には自分の人生がある」である。

もはや、ごまかしの生き方によって自らの存在意義を確信できる時代は過ぎたのである。われわれは、国家とか正義の戦いとかいうことのなかにある「ごまかし」を知っている。

「若い」とはガソリンである

「私は日雇人になりたいと思うことがよくある。せめて、目がさめたときだけでも今日一日あてがって、自分を内心からふるいたたせたいからだ。希望をもちたいからだ」

ある大学生の手記である。

日雇人になりたい、そう思ったとき、その足で日雇人になるべく職場に向かうのが青春ではないか、自分の殻を破って日雇人になるのが青春ではないか。

環境が許さない、というのなら環境が許している他の部面での可能性は残されている。しかし、「億劫だ」となってしまっては目の前に何があらわれても、環境がどうなっても、何もできないということである。

エネルギーというガソリンが切れたのである。もはやその車は無力でも動くことのできる下り坂以外のところを走ることはできない。

人間が惰性で生きるとは車が下り坂をガソリンなしで動いているのと同じことなのである。

「若い」とはガソリンなのである。

平らな路も上り坂もどこでもハンドルの向くままに走っていく、それがガソリンのある車である、そうした生き方が「若さ」である。

現代人はノイローゼになりつつある

自分を自然にしている。そして自然のままで努力している。そこに、いい知れぬ生きがいがある。

他方に、自分を飾ってつくる生き方をしている人がいる。そしてコツコツと努力はする。しかしその努力は、実は自分のまわりに壁をつくる努力なのである。その結果、次第に他人の心との交流がとだえていく。生きがいは生まれてこない。

自由が競争しなければならない不自由となり、対立し、いがみあい、他人と自分を比較し、人に気を奪われて自分の適性を忘れ、いつしかノイローゼになっていく。

ノイローゼとはやる気がなくなることである。人生が何もかも馬鹿らしくなって何もかもやる気がなくなることである。

「やりたい、やりたい」、だけど結局は何もしない自分、そうした自分に泣けてくる、というのもノイローゼ一歩手前である。何かやりたいけど、どうも億劫だ、というのもノイローゼ一歩手前だろう。

現代は強い人間のエゴイズムと弱い人間のエゴイズムとが協定した時代である。その協定には理想をかかげる人間を社会から排斥する条文がある。

エゴイズムとエゴイズムによって協定された人生には意味がない。その結果、現代人はノイローゼになりつつある。人間は生きている意味を失えばノイローゼになる。

エゴから不自由、不自由からノイローゼへと人々は歩いていく。エゴの支配に身をまかせれば、人生の意味は喪失する。エゴに支配されれば、やるべき多くのことには気がつかない。

エゴを離れて見渡せば、やるべきことは見つかる。

ここでいっているエゴとは共同体感情を喪失した人間である。仲間意識を喪失した人間である。

情熱をそそぐということ

「快」を求め、「不快」を避けるということは情熱でもなんでもない。それは単純な欲である。

よく人は「情熱をそそいでいる」ということを間違えて使う。どんなに努力していても、それをもって情熱をそそいでいるとはいえない。むしろ欲の皮がつっぱっているといったほうがいい。

基本的に復讐的勝利を目指しての行動は情熱ではない。劣等感を動機とした行動というべきものである。

利害打算をふまえたうえでの行動は決して情熱といってはならない。意志といってはならない。「若さ」といってはならない。

情熱とは利害打算を超えたもの。情熱とは、「快、不快」を超えたものである。

「不快」を避け「快」を求めるというのは、人間を含めてあらゆる動物についていえることである。それはいいことでも悪いことでもない。だが、情熱とは人間だけのものである。意志とは人間だけのものである。そしてそれこそがあらゆる善の基礎なのだ。そしてそれが「若さ」なのである。「若さ」とは年齢をいうものではない。

情熱、それこそが「若さ」のシンボルである。人が人となるのは情熱によってである。「青春を青春たらしめる」のが情熱である。

山に登ることを考える。それは現在だけを考えても、将来まで含めて考えても、決して快を求め不快を避けることではない。けわしい山に登ることは厳しい、激しいトレーニングも必要である。だが、どんなに厳しくてもそれは決して不快ではない。

山に行く、朝暗いうちから起きる、眠くて眠くて目をあけているだけで必死なときがある。その眠さを克服して重いザックを担いで山を一歩一歩登っていく。

いったいそこに何があるのだ。何もありはしない。形にあらわれたものが、何もなくても自らの青春をかける。それが情熱なのである。それは苦しくても不快ではない。

いい大学に入るために眠いのをこらえて必死に勉強するのは情熱ではない。現在の不快を将来の快と比べて、小さいと計算して頑張っているのなら、それは情熱ではない。だが、受験勉強の先に、社会への貢献という目的があれば、それは情熱である。

ただ勉強が好きで好きで、何としてもこの研究をやりとげてやろうと思って連日連夜、勉強することは情熱である。そのとき、はじめて自分の情熱を学問にそそいでいるといえる。そのときはじめて情熱という言葉が使える。

同じ眠さと戦っても、一方は情熱であり、他方は欲である。欲は「快・不快」だが、情熱はどのようなときも決して不快ではない。

情熱は成長のエネルギーであり、欲とは復讐的勝利のエネルギーである。

私がいいたいのは、「若さ」とは欲ではなくて情熱なのだ、ということである。

意欲を呼び起こすものは何か

たびかさなる失敗や、他人からのいやがらせは、やる気を失わせる。馬鹿らしくなる。このとき、もし彼を支えるものがあるとすれば、それは使命感である。

自分はこれをしなければならない、という使命感があるならば、彼は行動を続けるだろう。使命感が彼の行動を支えるだろう。

現代のように、無気力な時代では、使命感をもたない意欲は必ず消えてなくなる。

現代では、使命感以外では虚栄とかエゴとか欲とか、そうしたものしか人間を支えるものはなくなってしまった。

復讐的勝利を目的として生きる人しか、頑張る力を感じられなくなってしまった。

皆が自分の戦いを支持してくれなくても、何かそこから金銭的儲けでもあれば、彼はその戦いを続けるだろう。それが現代人の生を支えているエゴだ。

ここでいう使命感とは、自分が自分自身になるときに感じるものである。

「俺には俺の生き方がある」という生き方を実行している人が感じるものである。

一歩一歩進もう、とどまってはいけない

私は若い頃、「新しい若人の会」というのをやっていたが、そのときの集まりでのことであった。

10人ばかり集まって、「理想と使命」という機関紙の編集やら批判やらをやっていた。そのとき、エニーブドという外国人が一緒にいたが、彼が突如、われわれに「あなたたちは今、何に感謝しているか？」と質問した。

あまりの突然な質問だったので皆キョトンとしていると、彼は突然立ち上がって、飛び跳ねた。「私はこうして立つことも、飛び跳ねることもできる」といった。

驚いて見ていると、今度は大きな声をはりあげた。あまりに突然、大きな声を出したので私たちはアッケにとられていた。

「私はこんな大きな声も出せるし、こんなふうに皆の話を聞くこともできる」

彼はそうしたことに感謝しているという。

おそらく内向きの理屈をこね回しているような議論に対して反応したのだろう。お

およそ、そういった趣旨のことを彼はいい続けた。議論ばかりして行動を起こさない仲間に向けた彼の訴えだったのだろう。

たしかにそうだ。われわれは同じことに感謝しなければならない。しかし、感謝しているだけでは何事も起こらない。

われわれはこの手を、この耳を、そしてこの声を使って何かをしなければならない。この手に、この目に、今世界はかかっているのである。

大げさな言い方をしているのではない。私たちの、この手とこの耳、この体を使うか使わないか、そこに私たち自身の生きがいと、そしてまた、これからの世界がかかっている。

もっていることを忘れた状態から、もっていることを感謝した状態へ、そしてそれを使って活動する人間へとならなければならない。

自分の真実に出会うということ

周囲の評価が気になるのは、その人が本当に自分の真実にめぐりあっていないからである。

自分がどんなに軽薄だといわれても、自分の真実に出会った人間というものは強い。人は、真実にふれたときにはじめて強くなる。「強くなる」ということは、生きていくうえで必要なものが少なくなる、精神的に必要とするものが少なくなる。

失業によって自暴自棄になってしまう人は弱い人なのである。つまり、彼は、社会的評価の束としての社会的地位を生きていくうえで必要としていた。

その職業についたとき、あるいはその仕事にめぐりあったとき、「私はもう何もいらない」と思うような仕事というのが、その人にとって真実である。

それこそが、本当に生きがいのある職業である。なんといわれようと、「私には私の職業がある」である

立身出世を望む人は、本当のものにめぐりあっていない。

生きがいが見つからない理由

新しい世界を見つけること、新しい世界をつくることで、視野が広がるし、逆に視野が広がることで新しい世界ができる。

今までの世界が、小さな閉じられた世界であることがわかってくる。

自分の人生を復讐的勝利という復讐に終わらせたくない、自分の人生を無意味に終わらせたくない、その気持ちで自分に内在する潜在的能力を開発する。潜在的能力を使う喜びを味わうことで、人生の方向が変わってくる。

とにかく適切な目的とか生きがいとは、仕事の問題でもあるが、それ以上にパーソナリティの問題であるということをしっかりと理解することである。

それを認めないかぎり、どんな仕事についても適切な目的は見いだせない。

生きがいは他人からもらうものではない

よく、「あの人はもてはやされていい気になって駄目になった」ということを聞く。

しかし私はそういう人間は、もてはやされても、もてはやされなくても駄目になるのだと思う。人間にとって本質的なことは、やる気、生きがいであって、それよりも他人からチヤホヤされることが面白くなるようでは、結局、もともとのやる気というのも、たいしたものでない。

驕《おご》れる者久しからずというが、そうした人間はもともと自分の力でなく親の力とかそうしたもので、そのような地位についた者が多いのではなかろうか。

あるいはまた、行為という人間の本質的なものでのやる気ではなく、行為という本質とはおよそ違い、またその反対の権力欲などでその地位についた者である。復讐的勝利を目指して頑張った人である。「私には私の人生がある」と頑張った人ではない。

私は人間のやる気というもの、生きがいというものはもっと素晴らしいものだと思う。つまり、少しぐらいの成功で驕ってしまうようなものではないはずである。

幸福も不幸も複利で増えていく

人は人生のスタートがまるっきり違う。

人生でただ一つの真実といえば、それは「不公平」である。

ある人は、母なるものをもった母親のもとで、有り余る才能をもって人生をスタートする。しかももって生まれた遺伝的な性質が楽天的。

ある人は、親が離婚をして、心の居場所がないままにいろいろなところをたらい回しにされて、さらに虐待されながら成長する人もいる。しかも社会のなかで生きる才能がない。そのうえにもって生まれた遺伝的な性質が悲観的。

その人がどのくらい苦しむかということについていえば、外側の社会的な違いなど、このもって生まれた性質の違いに比べれば、問題にならない。

人生をスタートした後も、同じように運のいい人もいるし、運の悪い人もいる。

人生のスタートが不運でも、少年少女期にたまたま素晴らしい先生に出会って、自己実現する人生を生きられたという人もいれば、人生のスタートが普通でもたまたま悪い友人に出会って、人生の軌道を間違えるという人もいる。

人生のスタートが不運なうえに、次から次へと不運な出会いを重ねる人もいる。スタートが不運な場合には、次々と不運な出会いが待っていることのほうが多い。

その結果、真面目に生きなければと思いつつ、社会的にいろいろ深刻なトラブルを抱えてしまう人もいる。純粋でやさしい子が非行に走ってしまうことだってあるだろう。

したがって社会的に立派に生きた人の心が立派というわけではない。

人生を不公平にスタートした後も、たまたま幸運につぐ幸運に恵まれる人もいるし、とんでもない不運につぐ不運に遭遇する人もいる。

ベラン・ウルフがいうように、「幸福も不幸も複利で増えていく」というのは、その通りである。つまり不運な人はさらに不運な出会いをすることが多いし、幸運な人はさらに幸運な出会いをすることが多い。

どんな人間に生まれるのか、どんな環境に生まれるのか、生まれてからどんな出来事に遭遇するのか、人の人生は千差万別である。

人生には、自分の力ではいかんともしがたい運がある。

この人生はどんなに頑張っても自分の力だけでは幸せになれるものではない。どうしようもない力が働いている。

それはそれぞれの人の、まさに運命である。誰もが幸せになりたいといったからといって、誰もが幸せになれるわけではないだろう。

だが、誰もが偉大な人間にはなれる。

私は若い頃読んだロマン・ロランの小説『ジャンクリストフ』のなかの「人は幸せになるために生まれてきたのではない、自らの運命を成就するために生まれてきたのだ」という台詞を忘れられない。

したがって、その自らの運命のなかでどれだけその人が、自らの能力に応じて、力のかぎりを尽くして頑張ったかということが、生きている意味なのである。

不幸を受け入れる

精も根も尽き果てるまで頑張る。そして幸せになれる人もいるし、幸せになれない人もいる。

精も根も尽き果てるまで頑張る、それが偉大な人間である。

頑張っても、頑張っても、どうしようもなく不幸に押し流されていく人がいる。

愛のない世界で成長し、愛情飢餓感をもった人はどうしてもひねくれる。ひねくれれば人から好かれない。嫌われる人はどんどん嫌われるような生き方を選択していく。

逆に、それほどのつらい努力もしないで幸せになれる人もいる。しかも、つらい努力に悲鳴を上げた人に比べて社会的にもはるかに望ましい人になっている。

人は、敵意も憎しみもない世界で成長すれば、社会的に望ましい人間になるだろう。

しかし敵意と憎しみのなかで虐待されて育てば反社会的になるだろう。

逆境と闘い、つらい努力に悲鳴を上げ、これ以上は頑張れないというほど頑張った人でも、社会的には望ましくない人間になってしまう場合もある。社会的には落伍者になったり、悪人になったりしている。

そういう人から見ると、「これだけ頑張って、なんで私の人生だけがこんなに苦しいのだ、なんでこんなにつらいのだ」ということになる。

そのときに「私は不幸にしか生きられない運命なのだ」と自らの運命を受け入れる。しかし、そこで自暴自棄にならない。それが「不幸を受け入れる」ということである。そしてそれが偉大という意味である。

自分はどんなに頑張っても幸せにはなれないとわかっても、なお頑張る、それが「不幸を受け入れる」ということである。

与えられた運命を、精いっぱい生きた人が、「本当の意味で立派な人」なのである。

幸せになるために人事を尽くせば、その結果を受け入れられる。不幸を受け入れられる。恨みはない。

「ここまでしたら、あとはもう駄目でもいいや」と思うことがある。これで駄目なら駄目でしょうがない。駄目であることを受け入れられる。

人事を尽くし、天命を待つというが、まさに人事を尽くしたら、自然と天命を待つ気持ちになれる。

そのときに自分の限界を受け入れられる。

自分を受け入れられない人というのは、人事を尽くしていないということがあるのではないだろうか。

頑張って頑張り抜けば、ある時点で「力尽きた」と感じることがある。自ら「もう力尽きた」と感じれば、素直な気持ちで結果を受け入れられる。

たまたま与えられた運命のなかで、その人がどこまで必死で生きたかということである。

社会的に立派な人だけが頑張ったのではない。社会的な落伍者のなかにも必死で頑張った人がいるだろう。必死で頑張っても力が及ばなかった人がいるだろう。そういう人はこの世で社会的に落伍者になっても、おそらく死後は天国に行ける。

社会的には何の問題もなく生きた人の心が、ずるくて卑しくて、吐き気がするほど汚らしい場合もある。そういう人はたぶん天国には行けない。

自分のできることをする

愛に恵まれて成長した人は不眠症に苦しまないかもしれない。しかし愛に恵まれなかった環境で成長した人は、不眠症に苦しむかもしれない。

そういう人は、その不眠症を受け入れるということが、最大の使命である。

健康で長生きは誰もが望むことであろう。しかし恵まれない環境に生まれた人は、それを望んでも無理かもしれない。

それを望むことでかえって不幸を増大させてしまう。自分の運命のなかで、最大の努力をする生き方をする。それが「私には私の人生がある」であり「俺には俺の生き方がある」という生き方である。

自己実現型の人である。復讐的勝利を目指す人ではない。

自分がこのような環境で生まれたことは自分の運命である。それを受け入れる。それは不幸を受け入れることである。

自分の運命を受け入れて、「自分はあの人のように健康になれない」と嘆かない。自分の健康で満足する。そして自分の健康のなかでできることをする。

それが「私には私の人生がある」である。

愛に恵まれて、自分の潜在的能力を十分に開花させて生きてきた人もいる。残念ながら自分は愛に恵まれない環境に生まれた。そうした運命を受け入れて、自分のできることをする。それが「私には私の人生がある」である。

だから完全主義などにはならない。

「私には私の人生がある」と思っていない人は、自分自身でないから解決の意志がない。文句をいうことが主題で、解決する意志はない。ということは、相手のいうことを聞こうという意志がない。素直さがない。

人生が楽しくないのは、問題を解決する意志がないからである。

人に見せるための人生のときに、人は緊張している。自分自身でないから不安な緊張で疲れやすい。

自己実現ではなく、人に見せることにエネルギーを使って消耗する。疲れやすい。

見せるための家、玄関が立派で居間が粗雑。客間が豪華で台所が貧しい。

なぜこうなるか？　心のふれあいがないから、自分自身でないからである。

歪められた孤独に気づこう

孤独というとき、二つのことを分けて考えねばならない。

一つは存在的な意味における孤独だ。つまり人間は一人で死んでいかなければならないという、よく聞く言葉によってあらわされているものである。

もう一つは皆が、華やいで話している喫茶店に、友だちのいない一人の人間が座って感じるときの、心理的な意味における孤独である。

人間の存在はたしかに孤独な存在である。自分が木にぶつかって倒れて痛いのは自分だ。誰もこの痛さを引き受けることはできないし、お腹がすけば、この自分が何かを食べる以外に方法はない。よく冗談で「代わりにトイレに行ってきてやろうか」という。これが冗談になるのは、それが絶対に不可能だからである。

そしてこの存在的な意味における孤独から、よくひねくれた思想家や文学者は、人間は孤独だという。それが精神的不健康な青年たちにアピールする。あるいは健康な青年を毒していく。

人間が存在的な意味で孤独だということを知らされた青年は、時に無理して、孤独ぶることで自分が心理的に悲劇の英雄になり、あるいは哲学青年をよそおうことができる。

孤独はポーズであり、てらいでしかない。しかし、このてらいの孤独、孤独ぶることでなんと多くの輝かしい青春が失われることか。素直な気持ちでいたら、涙の出るような歓喜を、このてらいの孤独のために、人間は失ってしまう。

なかには、この存在的な意味での人間の孤独から、心理的な意味での孤独に陥る人もいるのかもしれない。しかし人間がいかに存在的な意味で孤独であっても、心理的に孤独になるのはおかしい。

人間というのは、太陽のまわりを地球がまわっていると知っても、なおかつ、太陽がまわっているように見えるのである。

人間が存在的な意味で孤独であると知って心理的に孤独になるのは、太陽が動いていないと知って、太陽が動いていないように見えるというのと同じである。

人間はどんなに一人で死んでいかなければならなくても、決して孤独ではない。いや、存在的に見て、これほど孤独でありながら、人間がこれほどお互いに共感できるということに、人間の魂の崇高さを感じるほうが素直な感じ方である。

それを存在的な意味での人間の孤独から、妙に人間の孤独を強調する、ひねくれた人間がいすぎるのである。

したがって私は人間存在の孤独を、あまり問題にしないし、また問題にするなら、それゆえに人間の尊さを問題にしたい。

われわれが問題にしなければならないのは心理的な意味での孤独である。

一人静かにもの思いにふけるとき

一人になる、一人でいる、ということと孤独とは違う。英語でもlonelyとaloneがある。

人間は一人になってものを考える必要がある。一人で反省することも必要である。しかしそれは決して孤独ではない。

人間は時に、群集のなかにいると退歩することがある。理性を失って退歩して幼稚な感情に走ることがある。そんなとき、人間は一人になって静かに考える必要がある。

私は大学2年のとき、安保条約改定のデモの最中、一人で荒川の土手でもの思いにふけった。なにか連日の激しいデモ騒ぎのウズに巻き込まれて、主体性を失っていたが、そのとき、私は再び主体性を回復したような気になったのを覚えている。

また教師になってからしばらくして、一人で八方尾根の雲のなかで夜を過ごしたことがあった。そのとき、日頃自分が「先生、先生」といわれて、先生面をして学生にものを言いつけていることが奇妙に感じた。

一人静かにもの思いにふけるとき、日頃大問題だと思っていることが、どっちでもいい、ちっぽけな問題に思えることもあるし、逆に日常の騒々しさのなかで、見落としていた大切なものに、気がつくときもある。

私は一人になることに賛成だ。そして一人になって山奥の小屋で人生を考える時間をもつとき、なんで皆があんなくだらないことに気をとられて、落ち着きと安息を失ってしまったのかと、不思議でならないときがある。

だが、そうした行為は孤独ではない。

復讐的勝利にとりつかれた人は皆孤独である

人生の淋しさを味わっている孤独者は虚栄心にとりつかれたり、権力欲にかられたりしている人間か、心理的な適応不良者である。

「自分には自分の人生がある」ことに気がついていない人である。

権力欲につかれている者は常に一人で歩いている。誰も信用してはいないし、誰とも心の底から協力することはできない。

権力欲につかれている者がいかに孤独か、次の日記を見ればわかる。これはナチス首脳部のゲッペルスのものである。

「戸外ではクリスマス・イヴの平和な空気が流れている。私はたった一人家にこもってあれこれと思案にふけっている。過去は苦難に満ちていたが、将来も暗く、見分けがたい。あらゆる見通しと希望がまったく消えてしまった。

家のなか全体がまるで死に絶えたようだ。まったく恐ろしい孤独が重苦しい退屈な気持ちとなって私におそいかかる」

権力欲につかれた者は、常に皆からワーワーいわれていないと落ち着かない。そして、一人になると、この日記のようになる。孤独が恐ろしい。権力欲につかれた者にとっては一人になることと孤独とは同じことであり、そして何よりも、それを恐れる。しかし、心の充実した人間は決して一人になることと孤独になることは同じとは思わないし、一人になることを恐れもしない。一人でいるときは一人でいるときの楽しさがあり、友といるときは友といる楽しさがある。

だが、権力欲につかれた人間は一人でいることを恐れるし、皆といるときも、そこにいる人間は彼にとって決して友人ではない。いってみれば彼はどこにいても孤独なのである。ただ友人といるときは、それがまぎれるだけである。仲間意識はない。

権力欲につかれた者と同じように、エゴイストも孤独である。復讐的勝利にとりつかれた人は皆孤独である。

エゴイストは「とる」ことを考えて「与える」ことを考えない。

自分が「とる」ものがなくなったとき、エゴイストは淋しい孤独に襲われる。そしてエゴイストもまた孤独を恐れる。

エゴイストや権力欲につかれている者は絶えず恐れている。権力欲の強い者は外から見ると他人を恐れていないようだが、本当は他人を恐れている。

とることなくして生きることのできない者は、人に会ったとき、絶えずとられはしないかと恐れている。

他人を恐れ、人生を恐れる。とって、とって、とり抜いても、それは自分の死とともにすべてとられてしまうものである。自分の死によって自分の人生のすべてが否定されてしまう以上、極度に死を嫌う。彼らにとって生も死も怖いのだ。

与えた者は自分の死と関係なく自分の人生を生きていく。地位は一時のものだが、仕事は永遠のものである。エゴイストの求めているのは地位なのだ。

現代人が、孤独、孤独と言いだしたのも、現代人が次第によりエゴイストになったからであり、また真に「生きる」ということがなくなったからである。

人との心のつながりを失ったからである。「自分には自分の人生がある」ことに気がついていないからである。

「自分には自分の人生がある」と気がついて生きている者は、決してエゴイストのようなかたちで孤独を恐れはしない。

孤独だと騒ぐ人は自己実現していない人

先に、人生の淋しさを味わっている孤独者は権力欲につかれている人間か、あるいは心理的な適応不良者だといった。この心理的な適応不良とは、すねてしまった人間のことである。

素直さを失ってしまって相手と自然に話したり、自然に協力したり、自然にものごとを見られない人間のことである。

相手のいったことを曲解したり、「どうせ私は」といったり、「私の叔父さんはエライの」といってみたりする人である。

実は私は著述家になりたいと願っていたとき、淋しい孤独を味わっていたことがある。

皆、大学に行ってしまっていた。もちろんガールフレンドなどというしゃれた人もいなかった。そんなとき一人で町を歩いていて、喫茶店の前を通るとき、喫茶店には入りたいのだが、そこでは皆が楽しそうに話しているので、入りたくなかったことを覚えている。私はたしかに孤独だった。

しかし、今から考えると、私はやはり素直でなかった。やはり不適応だった。自分が無職であることに引け目を感じていた。

私はその当時、とにかく書きまくっていた。著述家になりたかった。しかし世の中は浪人というカテゴリーでしか私を見てくれなかった。

世の中の見方なんか関係ない。「俺には俺の生き方がある」と思えなかった。

そんな私でなかったら、もっと事情は変わっていたと思う。私は自分を理解してくれる人とつきあおうとしていた。理解して「もらおう」と考えていた。「もらおう、もらおう」ということが、孤独の原因なのである。

「自分には自分の人生がある」ことに気がついていないことが、孤独の原因なのである。

素直な明るい人は友だちができるし、また孤独を恐れない。

君の生き方は間違っていないか？

「自分をひどく疲れさすような生き方はしまい。鋭敏な神経を使い、しかも自分の心はいつも空しさだけが残る。」

これは私の本の読者である大学生のノートに書かれてあった言葉である。

現代人は心地よい疲労を忘れた。山を歩いたとき、海で泳いだとき、そうした疲れを忘れ、何もしないのに疲れるような疲れ方をしている。それはどこか生き方が間違っているのである。

自由に生きていないから、不自然に生きているから、不自然に気を遣い、不自然に体を使って生きているから、不自然な疲れがある。

たいていの登山家はいう。一歩一歩と踏みしめて登った山を下りるとき、なんともいえず充たされた気持ちになる、と。苦しい山歩きを終えて、ふもとから自分が歩いた山を見上げるときの満ち足りた疲労、雨や風との戦いを終えて、ふもとの路《みち》を歩き、河原に裸になって寝そべったときの幸福感、何かを自分がなし終えたような気持ち、そこには不足したものがない。何かが欠けているということはない。

だが、現代人は不自然に生きるから、ひどく疲れ、そして自分の心には空しさだけが残る。


人間が自由であるということは、自由のもとに傷つけあい、いがみあい、神経を使って生きることではない。そのように生きていれば、人間不信にもなり、現代には生きがいがないとも思うだろう。

自由とはお金と同じに手段なのである。お金をもったがために悪の道に走り破滅した人も多い。同じように現代人は自由をもてあまして破滅しているのである。

お金も自由もそれを使いこなせる人間にして、はじめて価値がある。

お金を使うのでなくお金に使われる人間、お金の奴隷になる人間がいるからといって、お金が悪いのでない。自由をもてあまし、自由に使われ自由の奴隷になる人間がいるからといって自由とは空しいものではない。


自由のもとに自己を感じることができるのに、自由のもとに自己を放棄してしまう人がいる。「私には私の人生がある」という人生を見つけられないままに破滅していく。

「朝、期待を秘めた一日がはじまる。空しく一日は終わる。がまたその翌日、期待は秘められて訪れる。そしてまた幾日もが過ぎていく。別に変わったこともなく、日一日と過ぎる。やがて起きる気もしなくなる。」

前述の大学生の同じノートにあった言葉である。だが、この現代を同じ大学生として生きて次のようにいっている人もいる。

「友だちとの毎日、何とはなしの淡々とした生活のなかに何かがあるという気がする。……人間と人間が生活しているその何でもないかもしれない淡々とした生活のなかに、私は今、自分のしているものが見つけ出せるような気がしています。」

同じ時代、同じ大学生、同じように淡々と話していても、片方は空しさ、片方は何ものかをつかんで充実して生きている。

違いは、のびのびと自然に自由な気持ちでいるか、不自然にとりつくろって真の自己を虚でかこんで生きているか、というだけの違いである。

自由のもとに自己を感じとり、充実感を覚える人もいれば、自由のもとに虚飾のなかで、自己を失って虚無感を覚える人もいる。それが復讐的勝利に生きている人である。

そういう人はすべてにおいてすべての人に優越したいという気持ちがあるから、つまり「基本的不安があるから」、他人と自分を強迫的に比較する。

基本的不安感は自分のなかの問題ばかりではなく、他人にどう接するかということに影響してくる。他人とどう向きあうかということが、その人自身の本来の感情を蹂躙してしまう。

そういう人たちは「私たちという感情」の代わりに優越を求める。

問題は時代でも自由でもない。その人自身の生きる姿勢なのである。

第4章

人間とはお互いの生を充実しあうもの

劣等感で悩んでいる人が、自分は親しい友だちがいると思っている。これはありえない。

親しい友だちがいるということは、劣等感が積極的に解決できているということである。劣等感で悩んでいる人は、人とつながらない生き方をしている人である。親友のいない生き方をしている人である。

そういう人は、自分と「今いる友だち」は親しいという幻想で生きているだけである。

「馬鹿になる」ということ

現代人は利口になることが難しいと思っている。しかし、実をいえば人間は馬鹿になることのほうが難しい。

そう簡単に馬鹿になれるものではない。虚飾を脱ぎ捨て、利口を脱ぎ捨てていかなければならないのに、われわれは虚飾を着、そして利口を着る。

虚飾を脱ぎ捨てるためには、人間は独立した一個の人格者として他人に接することができるようにならなければならない。

「馬鹿になる」ということは、「本来の人間になれ」ということである。「自然な人間になれ」ということである。「本来の人間」になれば、自然と他人とのつながりができてくる。復讐的勝利を目指して生きていれば、「本来の人間」になれない。

「本来の人間」になれなくて神経症的自尊心をもったり、虚栄心をもったり、妬みや嫉妬心をもつ。何よりも人とつながっていけない。

「自分には自分の人生がある」の正反対の生き方になる。

神経症的非利己主義の人

他人に優越することに自分の生き方の重心がかかっているときには、自分は本来の自分として生きていないのではないかと反省する必要がある。

このように自己喪失した人が他人のために何かをしようとすると、フロムのいう神経症的非利己主義になる。

神経症的非利己主義の人は、他人から見ると、攻撃されてもおかしくないようなひどいことをしているのに、本人は立派なことをしていると思っている。

神経症者にとって不公平なことは、常識では公平なのである。神経症者というのは、そのくらい周囲の人とずれている。

神経症者は不満になったときに、自分の無意識の要求に気がつくべきである。

「いったい、自分は意識していない、どのような要求を心の底にもっているのだろうか」と自分と向きあうことである。

自分の心の矛盾を認めていない

神経症は極端に人に迎合したり、逆に極端に拒絶する(註1)。

神経症的非利己主義というのは、神経症者が自分の心の矛盾を解決しようとする試みである。一方で自己蔑視があるが、同時に他方で傲慢である。

しかも本人は自分のパーソナリティのなかに矛盾を抱えているということに気がついていない。神経症的非利己主義は、本人が自分の心の矛盾を認めていないことからくる神経症の症状である。

自分が徹底的に利己主義でありながら、そのことに気がついていない。

人に迷惑をかけているのだが、迷惑をかけているという感覚がない。社会的感情を欠如した人である。

人と心がふれあう関係ができない。一生懸命でもうまくいかない人である。

救われるべきは自分か、他人か？

「他人のため」と思っているが、実は「自分のため」である。意識は他人のためであるが、事実は自分のためである。

それが神経症的非利己主義である。これに気がつくことがロロ・メイのいう「意識領域の拡大」である。

非利己主義は社会的に望ましいことであるが、その本人が、人間関係に消耗し、憂鬱に苦しめられているのではどうにもならない。

本人に望ましいことが周囲の世界にも望ましい、本人に望ましいことが相手にも望ましい、これが心理的に健康な人の人間関係である。

それが「自分には自分の生き方がある」という目的をもって生きている人である。

「私には私の人生がある」と信じて生きている人の人間関係である。

どんなに非利己主義といっても、神経症的非利己主義には、美しい笑顔が人に与える安らぎのようなものがない。

うつ病者の病前性格

神経症的非利己主義の最大の問題は、生きるエネルギーを失っていることである。

生きるエネルギーを失えば、他人のお荷物になるだけである。

「他人への義務は、自分ができる限り生きる歓びに満ちている存在でいることによってのみ果たせるのです。(註2)」

これは重要な指摘である。

皆のお荷物になるうつ病者の病前性格を考えてみる。

彼らは仕事熱心で義務責任感が強い。義務責任感が強いということは、義務責任感に反する行動をしたときには、普通の人よりも罪の意識に悩まされる。

人の迷惑になることを避けようとする。まさに善良な人である。しかしうつ病になりやすい。

うつ病になれば、恐れていた皆のお荷物である。うつ病の病前性格者は心ならずも、結果として最も避けたいと思っている人間になってしまう。

善良で努力しているのに、なぜ最悪の結果になってしまうのか？

それは仕事熱心も、強い義務責任感も無理があるからである。真の義務責任感ではない。人に立派な人と思ってもらうための義務責任感である。人から「実際の自分」以上に高く評価してもらいたいという義務責任感である。その無理がたたって心理的に破綻してしまった。

うつ病の病前性格は神経症的非利己主義の症状が出ている。

だから自分を信じられない。

自分を信じられないのは、自分が無理をしていたからである。

なぜ無理をしていたのか。

それは相手に「私はこんなにいい人なのよ」と自分を売り込んでいたからである。

うつ病の病前性格者の目的は、「自分には自分の人生がある」という生き方の結果から生まれた目的ではない。自分にふさわしい目的ではない。周囲より優越する力を得たいという劣等感から生まれた目的である。

幸せな人の共通性の一つは適正な目的をもつことである。うつ病の病前性格者は適正な目的をもっていない。「実際の自分」以上の目的である。

「心が愛に満ちていないのに〝善良な方法〟をとっても無駄です（註3）。」

「俺には俺の生き方がある」、「私には私の人生がある」、そのように生きてはじめて善良な方法は意味をもつ。

隠された本当の気持ち

神経症的非利己主義は自己疎外であり、自分本位主義は自己充足である。

社会的な行動は正常だが、心理的に病気の人がいる。社会的な行動は非利己主義だが、心理的に神経症の人がいる。

ある人が、うつ病者になったということは、その人の動機はすべて神経症的動機であったということである。

立派に見えた親切は、すべて自己執着的対人配慮であったということである。責任感が強いと見えたのも、神経症的非利己主義であったということである。

立派に見える行動の背後で、内面はどんどん空洞化していた。「あなたのため」という意識の裏に、支配欲などが隠されている。

人が追求している「隠された目標」を明確に把握しなくては、いかなる人の態度も理解できない。神経症的非利己主義の態度は、悲観主義的態度と同じように、巧妙に隠された攻撃性である。

人を愛せない人

フロムは神経症の一症状としての神経症的非利己主義ということをいっている。これに関連した症状は、たとえば抑うつ、疲労、働くことへの意欲のなさ、愛の関係の失敗というようなものである。要するに生産性の欠如である。

つまり立派なことをいう人が抑うつ、疲労、働かない、人間関係のトラブルに苦しんでいれば、その人は神経症と考えてよいであろう。

その人の行為は本質的には愛他主義ではない。つまり人を愛せる人ではない。どんなに「あなたのため」といっても、本当の意味での非利己主義ではない。「私には私の人生がある」という人の本質的な愛他主義とは異なる。

性格特性と行動特性は違う。勤勉、活発、エネルギッシュに見えた行動が不安の表現と考えていいであろう。

「私が好かれるため」の愛情

神経症的非利己主義の「他人を喜ばせたい」という気持ちは本当である。しかしそれは、「私が好かれるため」のものであって、相手に対する愛情でない。

メランコリー親和型の人は、相手に迷惑をかけることを恐れる。相手に迷惑をかけて「嫌われるのが怖い」から、迷惑をかけまいとする。相手への愛情ではない。

「あなたさえ幸せなら私はそれでいいの」というと、それは愛に思える。しかし、それは神経症的非利己主義である。

神経症的非利己主義では、相手を縛るためのものであることが多い。

母親らしさの強調で子どもを縛る。同じように、尊敬で相手を束縛する。それは、尊敬ではなく強い依存心であるが、本人はそれに気がつかない。

相手に依存しながら、「こんなに尊敬している、愛している」と思う。

そして、だから「あなたは私にこれだけのことをして当たり前」と思う。

同じ行動でも、人によってそのもつ意味は違う

社会生活には協調性が大切だという。

その協調性も動機が問題である。不安から人に合わせるのと、愛情や思いやりから相手に合わせるのとではまったく違う。

不安から人に合わせるというのは、自己不在である。心理的にいえば決して望ましいことではない。外から見ると協調であるが、心理的にいえば迎合である。

相手に合わせるのにも、愛情や思いやりから相手に合わせる人もいれば、自分を守るための迎合から相手に合わせる人もいる。

自分の意思で他人と円満にしようとする人はよくできた人であろうし、いい人と思ってもらいたくて円満にしようとする人は情緒的に未成熟な人であろう。

保護を求めて相手と円満にしようとする人は、自分の意思でしていないから、相手に折れたぶんだけ憎しみが出る。

自分の心理状態を的確に知る

マズローは、神経症は基本的欲求が満たされていない状態だという。その通りであるが、もっとわかりやすくいえば、基本的欲求が満たされていないことに本人は気がついていないということである。

つまり神経症者は自分がまったくわかっていない。自分が何を望んでいるのか、自分は何が不満なのか、自分はどうしたいのか、自分自身がそれらのことをまったくわかっていない。

自分はなんで生きるのがこれほどつらいのか、なんで毎日が楽しくないのか、なんで毎日心が穏やかでないのか、なんで毎日こうもイライラするのかなどがまったくわかっていない。

そして自分がイライラしている原因は自分にあるのではなく、周囲の人が「けしからんから」と思っている。

つまり自分の心が原因でイライラしていることを認めない。

自分が原因で心が穏やかでないことを認めない。周囲の人が「けしからん」ことが、自分のイライラの原因と思っている。

「自分はなぜ、毎日楽しくないのか」と考えれば道は開けるのだが、そうして自分を見つめることはない。周囲の人が間違っているから自分は生きるのが楽しくないとしか考えられない。

自分のことに注意を向け、感情を的確に知ることが大事である。

心はさまざまな情報に対して開かれている。

正しい解釈とは、正しく因果関係を把握するということである。

ただ、これは「言うは易《やす》く行うは難し」である。正しく解釈するのには、心理的な抵抗がある。正しい解釈が、その人の自我価値を傷つけるからである。

しかしここは避けて通れない。

人は心の支えなしには生きていかれない

心の支えというのは本質的には信頼関係から生まれるのだろう。

信じられる人がいれば心の支えはある。

もし小さい頃、母親を信じられれば、その人は心の支えができる。しかし小さい頃、人を信じられなければ、母親を含めて誰も信じられなければ、心の支えはできない。

この人生には悲しいことはたくさんある。悲しいことを避けようとしても避けられるものではない。

その避けられない悲しい出来事に遭遇したときに、それを乗り越えられるか、乗り越えられないかは、心の支えがあるかないかである。

心の支えがないときに悲しいことを体験するのと、心の支えのある人が悲しいことを体験するのとでは違う。

心の支えのない人は、すぐに崩壊する。

心の支えのある人は、困難に耐えられる。

心がふれあえる相手がいるか

人生のすべての問題は他人と協力する能力を要求する。

子ども時代であろうと、大人になってからであろうと、家庭においても、学校においても、仕事の場においても、愛の生活においても、他人との関係においても、すべての誤りは、社会的感情の欠如に源がある。

社会的感情とは共感であり、協力である。相手の行動に思わず感動して涙が出るということである。

力を合わせて何かをする。達成して肩を抱きあって喜ぶ。

外国の災害に際して協力隊を出す。物語はハッピーエンドでホッとする。

社会的感情の反対は劣等感であり不安である。

社会的感情は人とつながっている感情であり、劣等感は所属感の欠如である。

生の充実をもたらす人間関係

人間は他人とかかわりあうことによって「生きて」いく。

だが、ある人は他人と肯定的にかかわりあうことによって自らの「生」を充実させ、ある者は他人と否定的にかかわりあうことによって「生」を陰湿なものにする。

そして他人とかかわりあわない者は、自らの「生」を空虚にする。

否定的に他人とかかわりあうということは妬みであり、憎しみである。

肯定的に他人とかかわりあうということが愛なのである。したがって愛は生を充実する。

恋、友情、血のつながりなど、さまざまな愛はあろう。しかしいずれにしても愛は生を充実する。

他人と自分を敵対して考えていないか？

アメリカのスタンフォード大学のフィリップ・ジンバルドー教授は、世界で最も恥ずかしがりやの子どもは日本の子どもであるという報告を出している。

恥ずかしがりやの人の特徴は、自分を責めることである。彼らはたぶん、自分自身に対する最も不当な批評家だとジンバルドー教授はいう。

高すぎる基準を自分に課するがゆえに、低い自己評価に苦しんでいるのである。自分は口ベタだと自分を責めるが、普通から考えれば決してそんなことはない。口がうまくて他人を圧倒してやろうと考えるからそうなるのである。

その高すぎる基準を下げられないのは「他人と仲よく生きていこう」としないからである。「自分は背が高すぎる」などというのもそうである。「他人と親しくなろう」としないで他人を支配しようとするからである。

「私には私の人生がある」という生き方をしていれば、無理な努力をしないで自然と

「他人と仲よく生きていこう」という気持ちになる。「自分には自分の生き方がある」という生き方をしていれば、自然と仲間意識が生まれてくる。

恥ずかしがりやの人が他人の前で居心地が悪い、他人と関係をもつことに居心地の悪さを感じるとジンバルドー教授がいうのも当たり前である。他人と自分を対立して考えるからである。人と一緒にいると気楽にできないのは、敵と一緒にいるような気持ちでいるからである。

そこで他人を避ける。しかしそれは、他人を前にして完璧な自分を演じようとするからである。完璧な自分を演じようとするのは、他人と自分を対立したものとして考えるからである。

そのような人は自分とも対立しているのである。自分が自分のことを好きでなければ、人生はあまりいいものではない。

恥ずかしがりやの人は、自分が考えていることが知られたら他人は自分を好きにならないと考える。それは自分が自分の考えていることを好きでないからである。そしていよいよ他の人から孤立する。

そして自分の欠点に意識を集中させる。そして悩み抜いて消耗してしまう。

恥ずかしがりやの人の気持ちは矛盾しているという。人と顔を合わせることにビクビクしているにもかかわらず、認めてもらいたいという欲求をもつ。

いつもスポットライトをあてられたいと願っているのに、スポットライトをあてられると、そのスポットライトから身を避けてしまう。いい印象を与えたいと思うのだが手を挙げられない。このようにジンバルドー教授はいう。

恥ずかしがりやの人は、たしかに自分は皆より劣っているのだと感じてはいる。しかしそれは、他の誰よりもチヤホヤされたいという気持ちが強いからではなかろうか。

人と顔を合わせるのにもビクビクするというのは、いい印象を与えようと焦るからではないだろうか。

心の底には、自分は他人より優れたい、しかし自分は他人より劣っていると感じる葛藤がある。

他人よりそこまで優れたいと思うのは、他人と自分を敵対して考えるからである。これも他人を支配しようとするからである。

大切なのは他人と一緒に生きていこうとする心の姿勢ではなかろうか。

他人と一緒に生きていこうという姿勢があれば、他人に対する恐れは消えるものである。

「何をすべきかわかっているとき、われわれは気楽にしている。」とデヴィッド・シーベリーはいっている。恥ずかしがりやの人は自分がない、だから自分が何をすべきかわかっていないのである。

気楽の反対は病気である。英語で病気はdiseaseである。dis-easeとハイフンで区切ってみるとよくわかる。

そして、自分はこの人生で何をしようかと目標をはっきりさせることである。自分が何をしなければならないか、これだけが私にとって重要である、他人がどう思うかではない、といったのはエマーソンである。

他人によく思ってもらうために自分を消耗させることはない。

なぜそこまで深く傷ついたか？

人の批判で心の動揺があったときには、「自分にはまだ本当の自信がない」と理解する。つまり心が動揺したということは、自分を理解するための情報である。

マイナスの感情は自分を理解するための情報と受けとることが大切である。

嫌われることを怖がる人がいる。しかし嫌われて落ち込む前に、「なぜ自分は嫌われるのが怖いか？　なぜ自分は嫌われるのか？」を考えてみればいい。嫌われる人、拒絶される人は、たいてい相手の立場や相手の気持ちを考えていない。相手は一人で食事をしていたいのに「一緒に食事をしてもいいですか？」とテーブルの前に座ろうとするような人である。

そういう人は嫌われる人、あるいは気味が悪いと思われる。相手はそれほど親しくない人なのに、ものすごく親しい人と同じ言葉を使ってしまう。あるいは親しい仕草をする。

嫌われることで、なぜそこまで深く傷ついたか？

なぜそこまで「現実の自分」と「理想の自分」が乖離したか？

それを考えることは苦しい。不愉快な気持ちに悩まされたときには、相手を罵倒するのが一番心理的にラクである。

しかし「なぜそこまで深く傷ついたか？」と思えれば、次のようになるだろう。

それは孤独だったから。励ましてくれる人がいなかったから。

人とコミュニケーションできなかったから。

不安な人は、そこで復讐的勝利へと道を歩みだす。そうして生きる道を間違える。

だから本当の意味で心の傷を回復するためには人とコミュニケーションできる人間になることである。

復讐的勝利を目指して頑張ることではない。

この瞬間なくして僕の青春はない

もう半世紀以上も前の話である。私は学生時代にワンダーフォーゲル部に入っていた。

ちょうど東大ワンダーフォーゲル部が10周年を迎え、私の1年先輩が沖縄ワンデルングを企画し、その最後に西表島《いりおもてじま》の島内中央部初横断を計画した。

それに参加したのは私を含めて5人であった。長い話は省くが、私たち5人は、石垣島から警察ボートに乗り西表島に向かった。空は思わず大声を上げたくなるほど晴れ渡っていた。ギラギラと輝く南の島の太陽の下には、淡緑色、乳緑色、濃緑色、淡青色、深青色と七色の海が果てしなく広がっていた。

やがてボートは西表島の沖に停泊した。

5人が一緒に大空に向かって「わーっ」と叫んだ。それから海水パンツになり、ボートから飛び込んだ。

海の水はたまらなく心地よかった。「俺は今、憧れの西表島に泳いで上陸しようとしている、俺の青春のクライマックスだ」そう思いながら泳いだ。

上陸してから開拓村の村長さんと協議した。重い荷物を担いでの横断は絶対に無理であるという。しかし私たちの判断では、もし山のなかで方向を誤れば、山を下りたからといってそこに村があるわけではない。重装備は必要である。

村長さんは主峰、ゴザ岳の頂上を通らないルートを勧めた。しかしそれでは島内中央部横断にはならない。私たちは重い荷物を担いで、予定通りのルートを歩くことに決めた。

「明日は自らの力の限界をトコトンまで出し、青春の命のかぎり、歩くのだ」

そう決意してシュラフのなかに入った。翌朝3時半起床、まだ真っ暗であった。起きてすぐに仲間川の河口まで歩いた。月が海上に金色に輝いていた。

金色の波の割れる音が、その静寂を破る。河口から小さなエンジンのついた船で仲間川をのぼった。さらにボートに乗り換えて上流へと行けるところまで行き、いよいよのところで、陸地にとりついた。

そこから8貫から10貫の荷物を背に急勾配を直登しはじめた。いつハブが襲ってくるかわからない。東京を出てから2週間のつらい行程で、巨大な疲労感に襲われていた。

やっとゴザ岳の頂上に着いた。頂上とはいえ、背の高さほどの笹が生い茂り、視界を遮った。ゴザ岳の頂上からはキスリングのザックが肩に食い込み、骨が折れやしないかと思うほどつらかった。

皆はただ黙々と頑張った。航空撮影でつくったという地図は間違っていた。しかし、ここでリーダーの超人的な意志が私たちを救った。

突然、仲間の一人が「あれ」といって立ち止まった。次の瞬間、「水の音だ！」と叫ぶ。ついに仲良川の源流の水の音が聞こえた。やがて「ついたぞ」の声。川のなかをジャボジャボとはいつくばるようにして、川岸の木陰に待っていたボートに乗った。ついに横断したのだ。5人はただ感激し、何回も握手をした。肩をたたきあって喜んだ。そして顔を見合わせて大声で笑った。

この瞬間なくして私の青春はない。

仲間となることを目的としたのではない。島内中央部横断が目的である。しかし、自分のしたいことをしてみると、仲間なしにそれは考えられない。仲間がいて島内中央部横断は意味をもった。

「自分には自分の人生がある」とは、人とつながる人生という意味である。

この思い出が私の人生を支えてくれる。体が丈夫ではない私の健康をなんとか支えてくれているのは、この思い出であろうと思っている。

自分が好きなことに情熱をそそぐ。それで満足である。でもそこには必ず「仲間」がいる。人とのつながりがある。

人間とはお互いの生を充実しあうものなのである。お互いがお互いに生きがいを与えあうものなのである。

「自分自身の中に力の中心を見いだすことが、長い目でみると、われわれが仲間に対してなし得る最大の貢献である（註4）。」

自分を忘れたものは、仲間をも裏切る。

さらにロロ・メイは次のようにいう。「もしわれわれが自らを尊重できないなら、他人を尊重することもあるいは愛することもできない（註5）。」というサリバンの言葉を正しいものと主張している。私もその通りだと思う。

冷雨にずぶ濡れになっての炊事。
目と鼻をつく強烈な青白い煙。
流れて止まらぬ汗。
降りそそぎそうにまたたく満天の星屑。

そして、そこには常に歩き、考え、語り、歌い、踊り、喚《わめ》く、気魄《きはく》のこもった風貌の、黒く日焼けしたたくましい友がいる。

たわいもないアホラシイことをいっている馬鹿の集まり。それが生きている意味になる。

たわいもないアホラシイことをいっている馬鹿の集まり。それは「ありのままの自分」をお互いに肯定している人間関係である。それがあって本来の自分になれる。

「私には私の人生がある」は、人とのつながりをもたらしてくれる。それがあってはじめて、「私には私の人生がある」は意味をもつ。

だから仲間への本当の使命は、自分が自分自身であることなのである。そして、そうしたつきあいは「個性豊かな人格者ぞろいの先輩、友だち、後輩は何にも代えがたく、命あるかぎり、誠心誠意、絶対の信頼をもってつきあえるものを信じて疑わない」となるだろう。

こうした人生の肯定は復讐的勝利にはない。そして生涯を通して、その人の健康に寄与するだろう。

人との心のつながりが幸せであり、復讐的勝利の反対である。

ある種の実存主義者は、「他人は地獄だ」という。たしかにその通りだ。しかしまた、「他人は天国」でもある。

復讐的勝利は「他人を地獄」にし、仲間意識は「他人を天国」にする。

その人とのつながり、あるいは仲間意識といってもいい。これは「私には私の人生がある」という生き方の結果であって、一義的に目的としてはならない。

一義的な目的とすると、他者が不当な重要性となって、他人によく思ってもらおうとして、本来の自分自身を見失う。

おわりに

健康に関する本は書店に行けば山ほどある。栄養のバランスに注意をする、適度な運動を心がけるなど、テレビでもどこでもいろいろといわれる。

それに比べると、生き方の違いが肉体的な健康にも大きく影響するという注意は少ない。免疫力を上げる食べ物の話はいろいろとある。しかし、生き方もまた免疫力に影響する。

要するに生き方は人間のすべてに影響する。

本文中でもふれたが、「自分自身であり得ないのなら、悪魔になったほうがましだったのでしょう(註)。」というのは決して極端すぎる表現ではない。そのくらい人間の生き方の問題は深刻な影響力をもつ。

食事のバランスや適度な運動も大切だが、生き方の問題は、人間が幸福になるか不幸になるかの究極の問題である。

『態度がすべてである』という本がアメリカにある。それは「言いすぎだ」という人もいるだろう。しかし「間違っている」という人は少ない。そういう考え方もあるだろうという人が多いだろう。

しかし、人生で「適度な運動がすべてである」という人はいないだろう。私たちは、「生き方の問題」はそのくらい大切だと思っている。

そのわりには生き方の問題を考える機会は多くない。この本はその生き方の問題が人生に重大な影響をもつということをメインに取り上げた。

この本を読んで「私の財産は私の心だ」というようになってくれることが、この本の目的である。

加藤諦三

註釈

はじめに

註　Kenneth R. Pelletetier, *Between Mind And Body; Stress, Emotions, And Health., Mind / Body Medicine*, edited by Caniel Goleman, Ph.D., and Joel Gurin. Consumer Union, p.31

序　章

註　ダニエル・ゴールマン著、土屋京子訳『ＥＱ こころの知能指数』講談社、94頁

第1章

註1　Marlane Miller, *BRAINSTYLES: Change Your Life Without Changing Who You Are*, Simon & Schuster

註2　デヴィッド・シーベリー著、加藤諦三訳『問題は解決できる』三笠書房、17頁

註3　Alfie Kohn, *No Contest : The Case Against Competition*, Houghton Mifflin Company, p.100

註4　ibid., p.102

註5　Richard Layard, *Happiness: Lessons from a New Science*, The Penguin Press, p.45

註6　ibid., p.44

註7　ibid., p.44

註8　ibid., p.47-48

註9　ibid., p.47

註10　Karen Horney, *Neurosis and Human Growth: The Struggle Towards Self-Realization,* W.W.Norton & Company, p.136

註11　ロロ・メイ著、小野泰博訳『不安の人間学』誠信書房、１２７頁

註12　前掲書、１２８頁

註13　デニス・ウェイトリー著、加藤諦三訳『自分を最高に活かす』ダイヤモンド社、29～31頁

註14　ロロ・メイ著、小野泰博訳『不安の人間学』誠信書房、32頁

註15　タタルキェヴィチ著、加藤諦三訳『こう考えると生きることが嬉しくなる』三笠書房、１７７頁

註16　前掲書、１７７～１７８頁

第2章

註1　Karen Horney, *Final Lectures,* edited by Douglas H. Ingram., M.D., W.W.Norton & Company, p.52

註2　デヴィッド・シーベリー著、加藤諦三訳『問題は解決できる』三笠書房、17頁

註3　デヴィッド・シーベリー著、加藤諦三訳『心の悩みがとれる』三笠書房、１５２頁

註4　前掲書、１５４頁

註5　前掲書、１８７頁

註6　島崎敏樹『生きるとは何か』岩波新書、41頁

註7　前掲書、41頁

註8　レオ・Ｆ・バスカリア著、加藤諦三訳『自己を開花させる力』ダイヤモンド社、36頁

註9　デヴィッド・シーベリー著、加藤諦三訳『心の悩みがとれる』三笠書房、１４８頁

註10　前掲書、１４９頁

註11　前掲書、40頁

註12　前掲書、１５０頁

註13　Rollo May, *The Meaning of Anxiety*, W.W.Norton & Company, p.40

註14　ジグムンド・フロイド著、吉田正己訳『フロイド選集 第6巻「文化論」』日本教文社、29頁

註15　デヴィッド・シーベリー著、加藤諦三訳『自分に負けない生きかた』三笠書房、33頁

註16　デヴィッド・シーベリー著、加藤諦三訳『問題は解決できる』三笠書房、17頁

註17　デヴィッド・シーベリー著、加藤諦三訳『自分に負けない生きかた』三笠書房、32頁

註18　Aaron T. Beck, *Depression: Causes and Treatment*, University of Pennsylvania Press, p.18

註19　『ＰＨＰ №.４４４』ＰＨＰ研究所、22頁

註20　デニス・ウェイトリー著、加藤諦三訳『成功の心理学』ダイヤモンド社、37頁

第3章

註1　夏目漱石『吾輩は猫である』新潮文庫、４６１頁

註2　Ｂ・Ｗ・ウルフ著、周郷博訳『どうしたら幸福になれるか 上巻』岩波書店、１８４頁

第4章

註1 Karen Horney, *Our Inner Conflicts: A Constructive Theory of Neurosis*, W.W.Norton & Company, p291-292

註2 デヴィッド・シーベリー著、加藤諦三訳『自分に負けない生きかた』三笠書房、33頁

註3 前掲書、114頁

註4 ロロ・メイ著、小野泰博訳『失われし自我をもとめて』誠信書房、79頁

註5 ロロ・メイ著、小野泰博訳『愛と意志』誠心書房、109頁

おわりに

註 デヴィッド・シーベリー著、加藤諦三訳『心の悩みがとれる』三笠書房、150頁

加藤諦三（かとう・たいぞう）

1938年、東京に生まれる。社会心理学者。東京大学教養学部教養学科を卒業、同大学院社会学研究科修士課程を修了。早稲田大学名誉教授、元ハーバード大学ライシャワー研究所客員研究員、日本精神衛生学会顧問。ニッポン放送の最長寿番組「テレフォン人生相談」レギュラーパーソナリティとして半世紀以上にわたり出演、相談者の悩みに向き合っている。

著作は文庫を含めると600冊以上、海外での翻訳出版されたものは約100冊、アメリカ、カナダ、ドイツ、フィリピン、韓国など世界中で、講義、講演を行なっている。外国の著作で日本語に翻訳したものは、40冊以上。

自分《じぶん》のための人生《じんせい》を生《い》きているか

「勝《か》ち負《ま》け」で考《かんが》えない心理学《しんりがく》

2023年5月31日　第1刷発行

著者◉加藤《かとう》諦三《たいぞう》

発行者◉佐藤 靖

発行所◉大和《だいわ》書房
東京都文京区関口1-33-4　〒112-0014
［電話］03(3203)4511

装丁◉奥定泰之

本文印刷◉厚徳社
カバー印刷◉歩プロセス
製本所◉小泉製本

ISBN 978-4-479-64045-5

http://www.daiwashobo.co.jp/